suhrkamp taschenbuch 4066

FÜR ALLE FÄLLE: **BRECHT**
Band 1
Herausgegeben von Albert Ostermaier

Das Beste von Bertolt Brecht: widersprüchlich und weitsichtig, präzise und philosophisch, witzig und derb und immer wieder überraschend – B.B. über die wirklich wichtigen Dinge des Lebens.

Zum Beispiel über große Gefühle und kleine Begierden – Verführungen zur Liebe und die Verführung zum Leben. Ausgewählt wurden die Texte von Feridun Zaimoglu, geboren 1964, der auf den Spuren der deutschen Romantiker wandelt und für den Roman *Liebesbrand* den Corine-Preis 2008 gewann. Er selbst hat sich von Brecht zu einer kleinen Erzählung zum Thema verführen lassen – verfaßt in der Manier von Brechts Keuner-Geschichten!

Bertolt Brecht

VERFÜHRUNG

Ausgewählt von
Feridun Zaimoglu

Suhrkamp

Redaktion des vorliegenden Bandes:
Denise Kratzmeier

suhrkamp taschenbuch 4066
Erste Auflage 2009
Suhrkamp Taschenbuch Verlag
Für diese Auswahl

Druck und Bindung: Kösel, Krugzell
Printed in Germany
ISBN 978-3-518-46066-5

1 2 3 4 5 6 – 14 13 12 11 10 09

VERFÜHRUNG

GEGEN VERFÜHRUNG

1
Laßt euch nicht verführen!
Es gibt keine Wiederkehr.
Der Tag steht in den Türen;
Ihr könnt schon Nachtwind spüren:
Es kommt kein Morgen mehr.

2
Laßt euch nicht betrügen!
Das Leben wenig ist.
Schlürft es in vollen Zügen!
Es wird euch nicht genügen
Wenn ihr es lassen müßt!

3
Laßt euch nicht vertrösten!
Ihr habt nicht zu viel Zeit!
Laßt Moder den Erlösten!
Das Leben ist am größten:
Es steht nicht mehr bereit.

4
Laßt euch nicht verführen!
Zu Fron und Ausgezehr!
Was kann euch Angst noch rühren?
Ihr sterbt mit allen Tieren
Und es kommt nichts nachher. *(11,116)*

»Es ist ganz falsch«, sagte er mitunter, wenn er seine Gefühle überprüfte, »sich zu fragen, ob man ein Mädchen ihres Geldes wegen oder ihrer selbst wegen heiratet. Das fällt oft zusammen. Es gibt wenig Dinge an einem Mädchen, die einen Mann sinnlich so reizen wie ein Vermögen. Ich würde sie natürlich auch so begehren, aber vielleicht nicht mit dieser Leidenschaft?«

(16,33)

Ach

Welche Verführung, zu schenken! Wie angenehm
Ist es doch, freundlich zu sein! Ein gutes Wort
Entschlüpft wie ein wohliger Seufzer. *(6,247)*

DER LIEBENDE NICHT GELADEN

Gläser heut ungespült
Linnen heut glatt
Lächeln heut ungefühlt
Lippe heut satt.

Von den Schuhen: die großen.
Auf dem Stuhl: ein Buch.
Wollene Hosen.
Man erwartet keinen Besuch. *(14,434f.)*

Ja, ich glaube an die sanfte Gewalt der Vernunft über die Menschen. Sie können ihr auf die Dauer nicht widerstehen. Kein Mensch kann lange zusehen, wie ich *er läßt aus der Hand einen Stein auf den Boden fallen* einen Stein fallen lasse und dazu sage: er fällt nicht. Dazu ist kein Mensch imstande. Die Verführung, die von einem Beweis ausgeht, ist so groß. Ihr erliegen die meisten, auf die Dauer alle. *(5,31)*

PLÄRRERLIED

Der Frühling sprang durch den Reifen
Des Himmels auf grünen Plan
Da kam mit Orgeln und Pfeifen
Der Plärrer bunt heran.

Dort hab ich ein Kind gesehen
Das hat ein goldenes Haar
Und ihre Augen stehen
Ihr einfach wunderbar.

Und in der Sonne drehen
Die Karusselle dort –
Und wenn sie stille stehen
Dann dreht mein Kopf sich fort.

Nachts ruhn die Karusselle
Wie Milchglasampeln still
Jede Nacht wird sternenhelle
Nun geh es, wie es will!

Nun bin ich trunken, Mädel.
Und trag zu aller Hohn
Statt meinem alten Schädel
Einen neuen Lampion.

Nun mag der Frühling gehen
Ich seh ihn immerdar:
Ich hab ein Kind gesehen
Die hat ein goldenes Haar. *(13,105)*

ABER WENN SIE MEINE ANSICHT KENNENLERNEN WOLLEN, MEINE HERRN

Meine Herrn, das kenne ich alles
Das ist für uns ein Hohn
Liebe, Tugend, Gesundheit
Und das Dümmste der Himmelslohn
Ja Himmel, das ist schön gesagt
Da können Sie von mir einen Tritt haben
Die Frage ist, wer frißt wen
Sonst wird doch weiter nichts gefragt
Ein Mensch muß eben Appetit haben
Und dann muß es ohne Mühe gehen *(13,395)*

Wir ziehen Vergnügen aus der Art, wie der Kriminalromanschreiber uns zu vernünftigen Urteilen bringt, indem er uns zwingt, unsere Vorurteile aufzugeben. Er muß dazu die Kunst der Verführung beherrschen. Er muß die in den Mord verwickelten Personen ebenso mit unsympathischen als mit attraktiven Zügen ausrüsten. Er muß unsere Vorurteile provozieren. Der menschenfreundliche alte Botaniker *kann* nicht der Mörder sein, läßt er uns ausrufen. Einem zweimal wegen Wilderns vorbestraften Gärtner ist alles zuzutrauen, läßt er uns seufzen. Er führt uns irre durch seine *Charakterschilderungen.* *(22,508)*

VOM GELD

Vor dem Taler, Kind, fürchte dich nicht.
Nach dem Taler, Kind, sollst du dich sehnen.
Wedekind

Ich will dich nicht zur Arbeit verführen.
Der Mensch ist zur Arbeit nicht gemacht.
Aber das Geld, um das sollst du dich rühren!
Das Geld ist gut. Auf das Geld gib acht!

Die Menschen fangen einander mit Schlingen.
Groß ist die Bösheit der Welt.
Darum sollst du dir Geld erringen
Denn größer ist ihre Liebe zum Geld.

Hast du Geld, hängen alle an dir wie Zecken:
Wir kennen dich wie das Sonnenlicht.
Ohne Geld müssen dich deine Kinder verstecken
Und müssen sagen, sie kennen dich nicht.

Hast du Geld, mußt du dich nicht beugen!
Ohne Geld erwirbst du keinen Ruhm.
Das Geld stellt dir die großen Zeugen.
Geld ist Wahrheit. Geld ist Heldentum.

Was dein Weib dir sagt, das sollst du ihr glauben.
Aber komme nicht ohne Geld zu ihr:
Ohne Geld wirst du sie deiner berauben
Ohne Geld bleibt bei dir nur das unvernünftige Tier.

Dem Geld erweisen die Menschen Ehren.
Das Geld wird über Gott gestellt.
Willst du deinem Feind die Ruhe im Grab verwehren
Schreibe auf seinen Stein: Hier ruht Geld. *(13,332 f.)*

Das bringt mich auf die Geschichte, die ich einmal wo gelesen hab, von dem Mann in der andern Kammer. Eine Frau hat was mit einem Subjekt gehabt, das sie im Grund verachtet hat, und ein anderer Mann, wollen wir ihn X nennen, hat davon erfahren, und an seiner Achtung ist ihr gelegen. Sie hat es so eingerichtet, daß der X, wie sie wieder einmal mit dem, sagen wir, Y im

Bett war, in der Kammer nebenan alles hat hören können. Sie hat ihren Plan darauf gebaut, daß er gehört, aber nicht gesehn hat. Der Y war schon ein bissel abgekühlt zu ihr und sie hat ihn anreizen müssen. Sagen wir, sie richtet sich vor ihm das Gehänge, an dem die Strümpfe befestigt sind, so daß er, der Y, alles gut sieht. Zu gleicher Zeit sagt sie aber etwas Abfälliges zu dem Y und so, daß es der X nebenan gut hört. Und so gehts weiter. Sie greift ihn an und stöhnt »die Händ weg!«, sie dreht ihm den Hintern zu und röchelt »ich laß mich nicht vergewaltigen«, sie liegt auf den Knien und schreit »Schwein!« und der Y sieht und der X hört und so ist ihre Würde gewahrt. Ein ähnlicher Fall war, wie ein Dichter, der im Kabarett aufgetreten ist, immer zuvor aufn Hof gegangen ist und sich die Schuh eingedreckt hat, damit das Publikum sah, er putzt sich nicht einmal die Schuh wegen ihm. *(18,219)*

DIE BEIDEN

Sie gingen nebeneinander her
Und wollten sich Liebes sagen
Doch fanden die Worte sie allzu schwer
Da begannen sie eifrig zu klagen
Übers Wetter und über die schlimme Zeit
Und nichts über ihr heißes Verlangen – – –
Viele Jahre sind drüber gegangen
Doch die beiden haben mit ihrem Klagen
Vergessen das Liebe zu sagen. – *(13,16)*

DIE HÖLLE DER ENTTÄUSCHER

Hinter uns lassend die Hölle der Enttäuschten
Gelangten wir in die Hölle der Enttäuscher.
In einer grauen Stadt, erfüllt von Marktgeschrei
Trafen wir, die ihr Gesicht verloren hatten.

Wegsah, wem immer wir begegneten.
Schneller ging, wem wir folgten. Aber wir sahen
Sie in billige und teure Kleider gekleidet, alte
Und junge Menschen, beider Geschlechter.

Noch sah man an vielen
Spuren einstiger großer Schönheit, die wohl verführen
konnte
Kluge Stirnen und – was am tiefsten erschüttert –
Reste
Eines ehrlichen Lächelns.

Die umgefallen waren vor den Drohungen
Hatten noch immer etwas in der Haltung des Kopfes
Das die nicht Einzuschüchternden haben.
Die einstmals gesagt hatten »Wenn ich sage, ich
komme, dann komme ich«
Werden freilich von niemandem mehr erwartet, aber
Sie gehen noch immer schnell durch die Menge.

Sie sind nunmehr ganz unter sich, aber immer noch
verstrickt

In waghalsige Unternehmungen. Von außen in die
Kontore schauend
Sahen wir sie einander ihre Kreditbriefe zeigen
Deuten auf viele Stempel und Unterschriften
Aber mit den Daumen verdeckend die Stellen
Wo die Jahreszahl ausradiert ist. *(14,223f.)*

Haben Sie schon einmal von der Macht der Liebe oder dem Kitzel des Fleisches gehört? *(6,225)*

DIE BURSCHEN, eh sie ihre Mädchen legen
Versichern sich, und sie tun gut daran
Ob sich die Lippen öffnen und die Brüste regen
Damit sie wissen: Was und Wann?
Prüfend, wie da alles steht
Wie der Wind weht.

Ihr Staatenlenker, wenn ihr Pläne schmiedet
Stellt euch nicht furchtsam an:
Der darf nicht Kampf scheun, der befriedet!
Doch immer prüfet: Was und Wann?
Auf die Straße geht und seht
Wie der Wind weht.

(Wenn so der Dichter Führen und Verführen
In einem Atem nennt, als sei es eins

Denkt er an Völker, die sich nicht recht rühren
Und wollen ihr Vergnügen so als wär es keins.)

(15,292)

Du bist nichts für das wüste Leben. Sie haben dich nur verführt. Komm mit mir herein. Ich wärme dir den Tee und morgen fängst du zu arbeiten an. *(1,46)*

WIE ES WAR

Deine Sorg war meine Sorg
Meine Sorg war deine
Hattst du eine Freud nicht mit
Hatt ich selber keine. *(15,315)*

GESANG AUS DEM AQUARIUM. 5. PSALM

Ich habe den Becher geleert bis zur Neige. Ich bin nämlich verführt worden.

Ich war ein Kind und man liebte mich.

Die Welt verzweifelte, denn ich blieb rein. Sie wälzte sich auf dem Boden vor mir, mit weichen Gliedern und lockenden Hinterteilen. Ich blieb standhaft.

Sie zu besänftigen, als sie es zu arg trieb, legte ich mich zu ihr und wurde unrein.

Die Sünde befriedigte mich. Die Philosophie half mir im Morgengrauen, wenn ich wachlag. Ich wurde so, wie man mich wollte.

Ich sah lange nach oben und glaubte, der Himmel sei traurig über mich. Aber ich sah, daß ich ihm gleichgültig war. Er liebte sich selbst.

Jetzt bin ich lange ertrunken. Ich liege dick auf dem Grund. Fische wohnen in mir. Das Meer geht zur Neige.

(11,19)

In der Elektrischen stand vor mir abgewandt eine üppige Frau. Ich saß, und sie sank oft in die Knie, und dabei fühlte ich durch den weichen, kupplerischen Samt ihre schwachen Kniekehlen und die Richtung ihrer Schenkel und die Abgrenzung ihrer Beine gegeneinander. Ich fühlte das alles so lang nach, bis ich vor Sinnlichkeit zu einem Hund wurde. Man müßte diese vollen Beine auseinanderbiegen, schon da sie so nachgiebig schienen und verhüllt waren. *(26,114f.)*

DAS FÜNFTE SONETT

So wie man Preise hochtreibt auf dem Markt
Indem man auf die vielen Käufer weist
Zeigt manches Weib, wie man sich um sie reißt.
Ich find es richtig, daß man's ihr verargt.

Sie sollte es nicht tun. Sie sollte zeigen
Daß sie nicht mehr die Wahl hat. Und gewählt ist.
Wenn nicht mit ihm, dann mit dem Nichts vermählt
ist.
Als gäb's für sie, wenn er nicht spräch, nur Schweigen.

Möglich, daß sie ihn durch Entweichen hält
Doch es verführt ihn mehr, daß sie ihn braucht!

Auch muß sie wissen: wer in Feuer faucht
Der macht, daß es sich mehrt und dann erlischt.
Der wünsch ich nur, daß sie nicht Durst befällt
Die da so im betrübten Wasser fischt! *(11,187)*

Me-ti wurde gefragt, ob es gegen die gute Sitte verstoße, wenn eine Ehefrau ihrem Mann untreu wird. Er sagte: In einem Land, wo der Mensch alles kaufen muß, die Tasse Tee und das Bett und das Buch und den Geschlechtsteil einer Frau, darf man ihm nicht verwehren, wenn er das Gekaufte für sich beansprucht. Wenn ich in einem Haus eine Wohnung gemietet habe, darf dann der Wirt auch andere in dieser Wohnung beherbergen? Es ist unsittlich, wenn die Frau, die das Geld nimmt für die Vermietung ihres Geschlechtsteils, diesen dann auch anderweitig vermietet, ausgenommen, es ist ausgemacht. Allerdings findet die Frau in solchen Ländern auch keinen Bissen zu essen, noch eine Lagerstatt, wenn sie nicht ihren Geschlechtsteil vermietet, so daß ein Betrug von ihr eigentlich nur einen unsittlichen Vertrag bricht. Hat sie doch nichts, schamhaft ihre Blöße zu verdecken, wenn sie diese nicht verkauft! Ich meine: In einem Land wie dem unsrigen ist alles unsittlich, sowohl der Ehebruch wie die Ehe. *(18,126)*

1

DAS FRÜHJAHR kommt.
Das Spiel der Geschlechter erneuert sich
Die Liebenden finden sich zusammen.
Schon die sacht umfassende Hand des Geliebten
Macht die Brust des Mädchens erschauern.
Ihr flüchtiger Blick verführt ihn.

2

In neuem Lichte
Erscheint die Landschaft den Liebenden im Frühjahr.
In großer Höhe werden die ersten
Schwärme der Vögel gesichtet.
Die Luft ist schon warm.
Die Tage werden lang und die
Wiesen bleiben lang hell.

3

Maßlos ist das Wachstum der Bäume und Gräser
Im Frühjahr.

Ohne Unterlaß fruchtbar
Ist der Wald, sind die Wiesen, die Felder.
Und es gebiert die Erde das Neue
Ohne Vorsicht. *(14,127)*

Ich hab eine Freundin gehabt, die hat mich alle Viertelstunden gefragt, ob ich sie noch lieb. Wenn ich ins Bett mit ihr gegangen bin, hat sie gesagt, ich lieb sie nur wegen dem Bett, und wenn ich ihr zugehört hab, hat sie gesagt, wenn sie stumm wär, würd ich sie nicht mehr mögen. Es war anstrengend. *(18,255)*

LIED DER LIEBENDEN WITWE

Ach, ich weiß, ich dürft es nie gestehen
Daß ich zittre, wenn mich seine Hand berührt
Ach, was ist mit mir geschehen
Daß ich bete, daß er mir verführt
Ach, zur Sünde schleiften mich nicht hundert Pferde
Wenn ich ihn nur nicht so sehr begehrte.

Wenn ich mir so gegen Liebe stemmte
Hab ich mich doch schließlich nur darum gestemmt
Weil ich weiß: steh ich vor ihm im Hemde
Bin ich ausgeplündert bis aufs Hemd
Als ob er sich dann um meinen Vorwurf scherte!
Wenn ich ihn nur nicht so sehr begehrte.

Ich bezweifle, ob er meiner wert ist
Ob es wirklich Liebe bei ihm ist?
Wenn all mein Erspartes aufgezehrt ist
Wirft er dann die Schale auf den Mist?
Ach, ich weiß, warum ich mich so wehrte:
Wenn ich ihn nur nicht so sehr begehrte.

Hätte ich Vernunft für sieben Groschen
Hätt ich nie gewährt, um was er leider bat
Sondern hätte ihn sogleich verdroschen
Wenn er mir, wie es geschah, zu nahe trat.
Ach, wenn er sich doch zum Teufel scherte!
(Wenn ich ihn nur nicht so sehr begehrte) *(14,328)*

Lieber Freund,
ich komme gerade von der Musterung und will Dir selbst schreiben, weil jemand anders das nicht so gut kann. Ich wurde also höflich hereingeführt in das Lokal voll Jünglingen, man schaute mich bewundernd an und der Arzt wollte mich jauchzend an seinen Busen drücken, da sagte ich wider alles Erwarten ganz eiskalt: Tut mir leid. Ich hätte Ihnen gern gedient, Herr, aber es ist mir leider unmöglich. Denn ich habe keine Zeit, Herr. Nun, ein andermal wieder, in zwei Monaten oder in fünf Monaten... Machen Sie sich nichts draus, Herr! Der Oberstleutnant lächelte traurig und sagte müd: Oh, das ist uns eine große Einbuße. Aber wenn Sie po-

sitiv wollen... *Wir* stellen Sie zurück, seien Sie überzeugt. Aber es will uns schier das Herz brechen. Dabei sahen mich alle lockend an und wollten mich verführen! Aber sie hatten ein besseres Herz als ich. Und das war auch ein kleiner Grund, warum sie mich nicht mit Gewalt hielten. *(28,24)*

Der Beischlaf stört die Weisheit nicht
Aber die Weisheit stört den Beischlaf *(10,714)*

LIEBESUNTERRICHT

Aber, Mädchen, ich empfehle
Etwas Lockrung im Gekreisch:
Fleischlich lieb ich mir die Seele
Und beseelt lieb ich das Fleisch.

Keuschheit kann nicht Wollust mindern
Hungrig wär ich gerne satt.
Mag's, wenn Tugend einen Hintern
Und der Hintern Tugend hat. [...] *(10,931)*

Einige Theater strichen in der »Dreigroschenoper« eine der zwei Verhaftungen des Räubers Macheath, da sie beide erfolgen konnten, weil er zweimal, anstatt zu fliehen, ins Bordell ging. Man ließ ihn zu Fall kommen, weil er ins Bordell ging, anstatt, weil er zu oft ins Bordell ging; weil er nachlässig war, anstatt, weil er zu nachlässig war. Kurz, man wurde, um kurz zu sein, langweilig.

(23,403)

O DU AHNST NICHT, was ich leide
Seh ich eine schöne Frau
Die den Steiß in gelber Seide
Schwenkt im Abendhimmelblau. *(13,109)*

MITTAGS, DA RASIERTE ICH meine Beine
Abends, da saß ich im Ufergesträuch
Und der Mond stieg hoch
Mit grünem Scheine
Und Er sagte zu mir still und bleich:
Wie er steigt! Wie er steigt! *(13,294)*

[...] aber manchmal denke ich an das Mädchen, das in der Gartenstraße wohnt und hauptsächlich stille Augen hat, die schön sind und klug und in denen ich ein Tiger bin. *(26,107)*

Nicht für Geselligkeit	sondern für Männergespräche
Nicht für Liebe	sondern für Wollust
Nicht für gut essen	sondern für Hungerstillen
Nicht für spielen	sondern für arbeiten
Nicht für Muße	sondern für Faulheit
Nicht für Mädchen	sondern für Frauen

(26,290)

Das Bedürfnis verführt in der Kunst wie im Beischlaf, aber wie im Beischlaf dürfen keine harten Worte fallen.

(27,313)

ERINNERUNG AN DIE MARIE A.

1

An jenem Tag im blauen Mond September
Still unter einem jungen Pflaumenbaum
Da hielt ich sie, die stille bleiche Liebe
In meinem Arm wie einen holden Traum.
Und über uns im schönen Sommerhimmel
War eine Wolke, die ich lange sah
Sie war sehr weiß und ungeheuer oben
Und als ich aufsah, war sie nimmer da.

2

Seit jenem Tag sind viele, viele Monde
Geschwommen still hinunter und vorbei
Die Pflaumenbäume sind wohl abgehauen
Und fragst du mich, was mit der Liebe sei?
So sag ich dir: Ich kann mich nicht erinnern.
Und doch, gewiß, ich weiß schon, was du meinst
Doch ihr Gesicht, das weiß ich wirklich nimmer
Ich weiß nur mehr: Ich küßte es dereinst.

3

Und auch den Kuß, ich hätt ihn längst vergessen
Wenn nicht die Wolke da gewesen wär
Die weiß ich noch und werd ich immer wissen
Sie war sehr weiß und kam von oben her.
Die Pflaumenbäume blühn vielleicht noch immer
Und jene Frau hat jetzt vielleicht das siebte Kind
Doch jene Wolke blühte nur Minuten
Und als ich aufsah, schwand sie schon im Wind.

(11,92f.)

Herr Keuner sagte: Es ist ein weitverbreiteter Unfug, daß die Liebe über die Freundschaft gestellt wird und außerdem als etwas völlig anderes betrachtet. Die Liebe ist aber nur so viel wert, als sie Freundschaft enthält, aus der allein sie sich immer wiederherstellen kann. Mit der Liebe der üblichen Art wird man nur abgespeist, wenn es zur Freundschaft nicht reicht. *(18,40)*

TERZINEN ÜBER DIE LIEBE

Sieh jene Kraniche in großem Bogen!
Die Wolken, welche ihnen beigegeben
Zogen mit ihnen schon, als sie entflogen

Aus einem Leben in ein andres Leben.
In gleicher Höhe und mit gleicher Eile
Scheinen sie alle beide nur daneben.

Daß also keines länger hier verweile
Daß so der Kranich mit der Wolke teile
Den schönen Himmel, den sie kurz befliegen

Und keines andres sehe als das Wiegen
Des andern in dem Wind, den beide spüren
Die jetzt im Fluge beieinander liegen.

So mag der Wind sie in das Nichts entführen;
Wenn sie nur nicht vergehen und sich bleiben
So lange kann sie beide nichts berühren

So lange kann man sie von jedem Ort vertreiben
Wo Regen drohen oder Schüsse schallen.
So unter Sonn und Monds wenig verschiedenen
Scheiben

Fliegen sie hin, einander ganz verfallen.

Wohin, ihr?
Nirgendhin.

Von wem entfernt?
Von allen.

Ihr fragt, wie lange sind sie schon beisammen?
Seit kurzem.
Und wann werden sie sich trennen?
Bald.
So scheint die Liebe Liebenden ein Halt. *(14,15f.)*

Es ist nämlich mit Gedichten nicht immer so wie mit dem Gezwitscher eines Kanarienvogels, das hübsch klingt und damit fertig. Mit Gedichten muß man sich ein bißchen aufhalten und manchmal herausfinden, was schön daran ist. *(23,213)*

DIE LIEBE hält manchmal
Im Löschen der Augen ein
Und wir sehen in ihre
Erloschenen Augen hinein. *(15,279)*

Bitte, legen Sie ein gutes Wort für mich ein, aber lassen Sie sich nicht zu Alkohol und Ausschweifung verführen, auf Grund davon! *(28,166)*

DAS LIED VOM KLEINEN WIND

Eil, Liebster, zu mir, teurer Gast
Wie ich kein' teuern find
Doch wenn du mich im Arme hast
Dann sei nicht zu geschwind.
Nimm's von den Pflaumen im Herbste
Wo reif zum Pflücken sind
Und haben Furcht vorm mächtigen Sturm
Und Lust auf 'n kleinen Wind.

So 'n kleiner Wind, du spürst ihn kaum
's ist wie ein sanftes Wiegen.
Die Pflaumen wolln ja so vom Baum
Wolln auf 'm Boden liegen.
Ach, Schnitter, laß es sein genug
Laß, Schnitter, ein' *Halm stehn!*
Trink nicht dein' Wein auf einen Zug
Und küß mich nicht im Gehn.

Nimm's von den Pflaumen im Herbste
Wo reif zum Pflücken sind
Und haben Furcht vorm mächtigen Sturm
Und Lust auf 'n kleinen Wind.
So 'n kleiner Wind, du spürst ihn kaum
's ist ein sanftes Wiegen.
Die Pflaumen wolln ja so vom Baum
Wolln auf 'm Boden liegen. *(15,86 f.)*

Ich will mit dem gehen, den ich liebe
Ich will nicht ausrechnen, was es kostet.
Ich will nicht nachdenken, ob es gut ist.
Ich will nicht wissen, ob er mich liebt.
Ich will mit ihm gehen, den ich liebe. *(14,458)*

WENN HERR K. EINEN MENSCHEN LIEBTE

»Was tun Sie«, wurde Herr K. gefragt, »wenn Sie einen Menschen lieben?« »Ich mache einen Entwurf von ihm«, sagte Herr K., »und sorge, daß er ihm ähnlich wird.« »Wer? Der Entwurf?« »Nein«, sagte Herr K., »der Mensch.« *(18,440)*

MORGENS UND ABENDS ZU LESEN

Der, den ich liebe
Hat mir gesagt
Daß er mich braucht

Darum
Gebe ich auf mich acht
Sehe auf meinen Weg und
Fürchte von jedem Regentropfen
Daß er mich ihm erschlagen könnte. *(14,353)*

LIEBESGEDICHT

Ohn Anruf wartend in dem rohen Hause
Auf etwas, was, er fühlt's, sich aufgemacht hat
Und sich bewegt nach diesem rohen Hause
Und heut im Freien seine erste Nacht hat

Prüft er die Hütte, ob sie wirklich leer ist
Sie sei morgen nicht mehr als heut bewohnt
Sie sei nur Platz, und daß nichts andres mehr ist
Als er, entfernt er jetzt sogar den Mond

Wenn es doch keine Richtung wüßte
In dieser Nacht der Lernende verlernt sich
Er glaubt, daß auch er heute schlafen müßte
Sonst scheut es an der Tür noch und entfernt sich

(13,317)

Die Freundin, die ich jetzt habe und die vielleicht meine letzte ist, gleicht sehr meiner ersten. Wie jene ist auch sie leichten Gemüts; wie bei jener überrascht mich tiefere Empfindung. Diese Frauen weinen, wenn sie gescholten werden, ob mit Recht oder nicht, einfach weil sie gescholten werden. Sie haben eine Sinnlichkeit, die niemand zu erregen braucht und niemandem viel hilft. Sie suchen allen zu gefallen, lassen sich aber nicht jeden gefallen, dem sie gefallen. Meine jetzige Freundin ist wie meine einstige am lieblichsten, wenn sie genießt. Und von beiden weiß ich nicht, ob sie mich lieben. *(27,362)*

DAS ERSTE SONETT

Als wir zerfielen einst in *du* und *ich*
Und unsere Betten standen *hier* und *dort*
Ernannten wir ein unauffällig Wort
Das sollte heißen: ich berühre dich.

Es scheint: solch Redens Freude sei gering
Denn das Berühren selbst ist unersetzlich
Doch wenigstens wurd »sie« so unverletzlich
Und aufgespart wie ein gepfändet Ding.

Blieb zugeeignet und wurd doch entzogen
War nicht zu brauchen und war doch vorhanden
War wohl nicht da, doch wenigstens nicht fort

Und wenn um uns die fremden Leute standen
Gebrauchten wir geläufig dieses Wort
Und wußten gleich: wir waren uns gewogen. *(11,185)*

Lai Tu sagte zu Kin Jeh: Ich liebe dich so, was wird aus mir werden? Kin Jeh antwortete Lai Tu: Was du aus Liebe machst, kann dich nicht entwürdigen. *(18,193)*

UND MORGEN IST SANKT VALENTINS TAG

Und früh auf dem leeren Platz
Steh ich vor deinem Haus und sag
Ich bin dein Eintagsschatz.
Und auf er stand, zog an sein Gewand
Tät auf die Kammertür
Ließ ein eine Jungfer, daß aus als eine Jungfer
Sie nimmermehr trat herfür. *(14,106)*

DAS ZWÖLFTE SONETT

(Über die Gedichte des Dante auf die Beatrice)

Noch immer über der verstaubten Gruft
In der sie liegt, die er nicht vögeln durfte
Sooft er auch um ihre Wege schlurfte
Erschüttert doch ihr Name uns die Luft.

Denn er befahl uns, ihrer zu gedenken
Indem er auf sie solche Verse schrieb
Daß uns fürwahr nichts andres übrigblieb
Als seinem schönen Lob Gehör zu schenken.

Ach, welche Unsitt bracht er da in Schwang
Als er mit so gewaltigem Lobe lobte
Was er nur angesehen, nicht erprobte!

Seit dieser schon beim bloßen Anblick sang
Gilt, was hübsch aussieht und die Straße quert
Und was nie naß wird, als begehrenswert. *(11,269)*

MESSALLIANCE

König Christian der Siebente heiratete eine Haushälterin. Wenn er mit ihr in die Provinz reiste, benahm sich selbst der niedrige Adel ablehnend zu ihr. Sie hatte deshalb ein schweres Leben. Beinahe das schlimmste aber war es für sie, daß Christian sich beim Essen und auch sonst wie ein Bauer benahm. *(19,343)*

ENTDECKUNG AN EINER JUNGEN FRAU

Des Morgens nüchterner Abschied, eine Frau
Kühl zwischen Tür und Angel, kühl besehn
Da sah ich: eine Strähn in ihrem Haar war grau
Ich konnt mich nicht entschließen mehr zu gehn

Stumm nahm ich ihre Brust, und als sie fragte
Warum ich, Nachtgast, nach Verlauf der Nacht
Nicht gehen wolle, denn so war's gedacht
Sah ich sie unumwunden an und sagte

Ist's nur noch eine Nacht, will ich noch bleiben
Doch nütze deine Zeit, das ist das Schlimme
Daß du so zwischen Tür und Angel stehst

Und laß uns die Gespräche rascher treiben
Denn wir vergaßen ganz, daß du vergehst
Und es verschlug Begierde mir die Stimme *(13,312)*

1
UND IMMER wieder gab es Abendröte
Geruch von Asphalt und von Thymian
Sie harrten immer drauf, daß Er sie töte
Er aber, lässig, dachte nicht daran.

2
Die Himmel strahlend wie die großen Lügen
Sie narrten sie: das alles hielt sie auf.
Er wollte wissen, wie lang sie's ertrügen
Sie aber, hilflos, kamen nicht darauf.

3
Und wenn sie fragten, ob er denn dann wünsche
Daß sie verzichteten, dann schwieg er auch.
Und ließ sie stehen in den dunklen Büschen
Und sagte nichts und hüllte sich in Rauch.

4
Sie aber sagten ja ins Ungewisse
Und gaben's auf und sanken in die Knie
Und schon vergingen ihre Bitternisse
(Und etwas früher noch vergingen sie.) *(13,175 f.)*

Die Vaterlandsliebe wird schon dadurch beeinträchtigt, daß man überhaupt keine richtige Auswahl hat. Das ist so, als wenn man die lieben soll, die man heiratet, und nicht die heiratet, die man liebt. Warum, ich möcht zuerst eine Auswahl haben. Sagen wir, man zeigt mir ein Stückel Frankreich und einen Fetzen gutes England und ein, zwei Schweizer Berge und was Norwegisches am Meer, und dann deut ich drauf und sag: das nehm ich als Vaterland; dann würd ichs auch schätzen. Aber jetzt ists, wie wenn einer nichts so sehr schätzt wie den Fensterstock, aus dem er einmal heruntergefallen ist. *(18, 256)*

ES WAR LEICHT, ihn zu bekommen.
Es war möglich am zweiten Abend.
Ich wartete auf den dritten (und wußte
Das heißt etwas riskieren)
Dann sagte er lachend: das Badesalz ist es
Nicht dein Haar!
Aber es war leicht, ihn zu bekommen.

Ich ging einen Monat lang gleich nach der Umarmung
Ich blieb jeden dritten Tag weg.
Ich schrieb nie.
Aber bewahre einen Schnee im Topf auf!
Er wird schmutzig von selbst.
Ich tat noch mehr, als ich konnte
Als es schon aus war.

Ich habe die Mentscher hinausgeworfen
Die bei ihm schliefen, als sei es in der Ordnung
Ich habe es lachend getan und weinend.
Ich habe den Gashahn geöffnet
Fünf Minuten bevor er kam, ich habe
Geld auf seinen Namen geliehen:
Es hat nichts geholfen.

Aber eines Nachts schlief ich
Und eines Morgens stand ich auf
Da wusch ich mich vom Kopf bis zum Zeh
Aß und sagte zu mir:
Das ist fertig.
Die Wahrheit ist:
Ich habe noch zweimal mit ihm geschlafen
Aber, bei Gott und meiner Mutter:
Es war nichts.
Wie alles vorübergeht, so verging
Auch das. *(11,170 f.)*

LIEBE ZU WEM?

Von der Schauspielerin Z hieß es, sie habe sich aus unglücklicher Liebe umgebracht. Herr Keuner sagte: Sie hat sich aus Liebe zu sich selbst umgebracht. Den X kann sie jedenfalls nicht geliebt haben. Sonst hätte sie ihm das kaum angetan. Liebe ist der Wunsch, etwas zu geben, nicht zu erhalten. Liebe ist die Kunst, etwas zu produzieren mit den Fähigkeiten des andern. Dazu braucht man von dem andern Achtung und Zuneigung. Das kann man sich immer verschaffen. Der übermäßige Wunsch, geliebt zu werden, hat wenig mit echter Liebe zu tun. Selbstliebe hat immer etwas Selbstmörderisches. *(18,40)*

LIEBESGEWOHNHEITEN

Es ist nicht so, daß der Genuß nur bleibt.
Oftmals verspürt, steigt er noch oftmals an.
Das noch einmal zu tun, was wir schon oft getan
Das ist es, was uns so zusammentreibt.

Dies kleine Zucken deines Hintern, längst
Erwartet schon! Oh, deines Fleisches List!
Dies angenehme, was das Zweite ist
Wonach du mit erstickter Stimme drängst!

Dies Aufgehn deiner Knie! Dies sich Begattenlassen!
Dies Zittern dann, durch das mein Fleisch erfährt
Daß kaum gestillte Lust dir wiederkehrt!
Dies faule Drehn! Dies lässig nach mir fassen
Wenn du schon lächelst!
Ach, so oft man's tut:
Wär's nicht schon oft getan, wär's nicht so gut! *(11,196)*

Ich war 17 und hab eine kleine Freundin gehabt, eine Schülerin bei den Ursulanerinnen, sie war 15, aber sehr reif. Wir sind verschränkt Schlittschuh gefahren, das hat aber nicht lang ausgereicht, ich merkte, daß sie mich liebte, sie hat so geschnauft, wenn ich sie auf dem Heimweg geküßt hab. Ich hab einen Freund ins Vertrauen gezogen und wir waren uns klar, daß etwas geschehen mußte, aber er hat gesagt, es sei nicht so einfach, ohne Vorkenntnisse seien schon die peinlichsten Situationen entstanden, und daß einmal zweie überhaupt nicht mehr auseinander haben kommen können, man sieht es bei Hunden mitunter, da schüttet man einen Eimer Wasser darüber, dann kommen sie auseinander. Die betreffenden zwei hat man mit dem Sanitätswagen abholen müssen und ihre Verlegenheit kann man sich vorstellen. Lachen Sie nicht, ich habe das Problem sehr ernst genommen. Ich bin zu einer Prostituierten gegangen und habe mir die nötigen Kenntnisse verschafft. *(18,224)*

SCHWÄCHEN

Du hattest keine
Ich hatte eine:
Ich liebte *(15,223)*

DER BARBARA-SONG

Einst glaubte ich, als ich noch unschuldig war
Und das war ich einst grad so wie du –
Natürlich kommt auch zu mir einmal einer
Und dann muß ich wissen, was ich tu.
Und wenn er Geld hat, und wenn er nett ist
Und sein Kragen ist auch werktags rein
Und wenn er weiß, was sich bei einer Dame schickt
Dann sage ich ihm: Nein!
Da behält man seinen Kopf oben
Und man bleibt ganz allgemein.
Sicher scheint der Mond die ganze Nacht
Sicher wird das Boot am Ufer festgemacht
Aber weiter kann nichts sein.
Ja, da kann man sich doch nicht nur hinlegen
Ja, da muß man kalt und herzlos sein
Ja, da könnte doch viel geschehen
Ach, da gibt's überhaupt nur: Nein!

Der erste, der kam, war ein Mann aus Kent
Der war, wie ein Mann sein soll.
Der zweite hatte drei Schiffe im Hafen
Und der dritte war nach mir toll.
Und als sie Geld hatten und als sie nett waren
Und ihr Kragen war auch werktags rein
Und als sie wußten, was sich bei einer Dame schickt
Da sagte ich ihnen: Nein.

Da behielt ich meinen Kopf oben
Und ich blieb ganz allgemein.
Sicher schien der Mond die ganze Nacht
Sicher war das Boot am Ufer festgemacht
Aber weiter konnte nichts sein.
Ja, da kann man sich doch nicht nur hinlegen
Ja, da mußt ich kalt und herzlos sein.
Ja, da konnte doch viel geschehen
Ach, da gab's überhaupt nur: Nein!

Jedoch eines Tags, und der Tag war blau
Kam einer, der mich nicht bat.
Und er hängte seinen Hut an den Nagel in meiner
  Kammer
Und ich wußte nicht mehr, was ich tat.
Und als er kein Geld hatte, und als er nicht nett war
Und sein Kragen war auch am Sonntag nicht rein
Und als er nicht wußte, was sich bei einer Dame
  schickt
Zu ihm sagte ich nicht: Nein.
Da behielt ich meinen Kopf nicht oben
Und ich blieb nicht allgemein.
Ach, es schien der Mond die ganze Nacht
Ach, es ward das Boot vom Ufer losgemacht
Und es konnte gar nicht anders sein.
Ja, da muß man sich doch einfach hinlegen
Ach, da kann man doch nicht kalt und herzlos sein.
Ach, da mußte so viel geschehen
Ja, da gab's überhaupt kein Nein! *(11,138 f.)*

Bevor ich bei den Freidenkern war, war ich bei der Nacktkultur. Das sind die keuschesten Leut, die es gibt. Sie finden an nichts was Unanständiges und regen sich überhaupt nicht auf. Sie sind stolz, daß sie das Schamgefühl überwunden haben und den Mitgliedsbeitrag zahlen können. Ich bin mit ihm im Rückstand geblieben und gefragt worden, ob ich mich nicht schenier, und da bin ich ausgetreten und hab mich der Unkeuschheit wieder in die Arme geworfen. Das heißt, eine Zeitlang hab ich keine Lust mehr gehabt. Ich hab zuviel gesehn gehabt. *(18,225 f.)*

EIFERSUCHTSDUETT

»Komm heraus, du Schönheit von Soho!
Zeig doch mir mal deine schönen Beine!
Ich möchte auch mal was Schönes sehen,
Denn so schön wie du gibt es doch keine.
Du sollst auf meinen Mann solch einen Eindruck
machen.«
»Soll ich das? Soll ich das?«
»Na, da muß ich aber wirklich lachen.«
»Mußt du das? Mußt du das?«
»Ha, das wäre ja gelacht?«
»So, das wäre also gelacht?«
»Wenn sich Mac aus dir was macht!«
»Wenn sich Mac aus mir was macht?«
»Hahaha, mit so einer,

Befaßt sich sowieso keiner.«
»Na, das werden wir ja sehn!«
»Ja, das werden wir schon sehn!«
»Mackie und ich, wir lebten wie die Tauben
Er liebt nur mich, das lass ich mir nicht rauben.
Da muß ich schon so frei sein
Das kann doch nicht vorbei sein
Wenn da so'n Mistvieh auftaucht.
Lächerlich!« *(11,143 f.)*

Meti sagte: Genie bleibt nicht, wenn es kontrolliert wird; Gesinnung bleibt nicht, wenn sie kontrolliert wird; Liebe bleibt nicht, wenn sie kontrolliert wird. *(18,187)*

LIED VOM FRATERNISIEREN

Ich war erst siebzehn Jahre
Da kam der Feind ins Land.
Er legte beiseit den Säbel
Und gab mir freundlich seine Hand.
Und nach der Maiandacht
Da kam die Maiennacht
Das Regiment stand im Geviert
Dann wurd getrommelt, wie's der Brauch
Dann nahm der Feind uns hintern Strauch
Und hat fraternisiert.

Da waren viele Feinde
Und mein Feind war ein Koch
Ich haßte ihn bei Tage
Und nachts, da liebte ich ihn doch.
Denn nach der Maiandacht
Da kommt die Maiennacht
Das Regiment steht im Geviert
Dann wird getrommelt, wie's der Brauch
Dann nimmt der Feind uns hintern Strauch
Und 's wird fraternisiert.

Die Liebe, die ich spürte
War eine Himmelsmacht.
Meine Leut haben's nicht begriffen
Daß ich ihn lieb und nicht veracht.
In einer trüben Früh
Begann mein Qual und Müh
Das Regiment stand im Geviert
Dann wurd getrommelt, wie's der Brauch
Dann ist der Feind, mein Liebster auch
Aus unsrer Stadt marschiert. *(15,177f.)*

ÜBER DAS BENEHMEN DER GLEICHGESCHLECHTLICHEN

Man wirft den Gleichgeschlechtlichen oft vor, daß sie ein süßliches Gehabe zur Schau tragen und dem sich nüchtern Fühlenden lächerlich vorkommen, wenn sie mit ihren Freunden reden. Aber benehmen sich die Männer zu den Frauen anders? Man sollte entweder das süßliche Gehabe und das Zurschautragen der Berauschtheit, wo immer es auftritt, bekämpfen oder es entschuldigen, wo immer es auftritt. *(18,132)*

LIEBESLIED

»Siehst du den Mond über Soho?«
»Ich sehe ihn, Lieber
Fühlst du mein Herz schlagen, Geliebter?«
»Ich fühle es, Geliebte.«
»Wo du hingehst, da will ich auch hingehn.«
»Und wo du bleibst, da will ich auch sein.
Und gibt es kein Schriftstück vor dem Standesamt
Und keine Lichter auf dem Altar
Und weiß ich auch nicht, woher dein Brautkleid
stammt
Und ist keine Myrte im Haar.
Der Teller, von welchem du ißt dein Brot
Schau ihn nicht lang an, wirf ihn fort!
Die Liebe dauert oder dauert nicht
An dem oder jenem Ort.« *(14,13)*

Einen Menschen muß man so liebhaben, wie er ist, siehst du. Mag sein, er hat Schattenseiten. Das ist durchaus nicht so selten. *Du* hast Schattenseiten. Auch ich werde meine Schattenseiten haben. Obgleich ich für meinen Teil sehr dagegen ankämpfe. Aber manchmal geht mein Gefühl mit mir durch. *(10,91)*

KUPPELLIED

1

Ach, man sagt, des roten Mondes Anblick
Auf dem Wasser macht die Mädchen schwach
Und man spricht von eines Mannes Schönheit
Der ein Weib verfiel. Daß ich nicht lach!
Wo ich Liebe sah und schwache Knie
War's beim Anblick von – Marie.
Und das ist bemerkenswert:
Gute Mädchen lieben nie
Einen Herrn, der nichts verzehrt.
Doch sie können innig lieben
Wenn man ihnen was verehrt.
Und der Grund ist: Geld macht sinnlich
Wie uns die Erfahrung lehrt.

2

Ach, was soll des roten Mondes Anblick
Auf dem Wasser, wenn der Zaster fehlt?
Und was soll da eines Mannes oder Weibes Schönheit
Wenn man knapp ist und es sich verhehlt.
Wo ich Liebe sah und schwache Knie

War's beim Anblick von – Marie.
Und das ist bemerkenswert:
Wie soll er und wie soll sie
Sehnsuchtsvoll und unbeschwert
Auf den leeren Magen lieben?
Nein, mein Freund, das ist verkehrt.
Fraß macht warm und Geld macht sinnlich
Wie uns die Erfahrung lehrt. *(14,333)*

In Kausala hat eine was gehabt mit einem Bauerssohn, wo sie Magd war. Ein Kind ist gekommen, aber vor dem Gerichtshof in Helsingfors hat er alles abgeschworen, daß er keine Alimente zu zahlen brauchte. Ihre Mutter hat einen Advokaten genommen, der hat seine Briefe vom Militär dem Gericht auf den Tisch gelegt. Die Briefe waren so, daß alles klar war und er seine fünf Jahr für Meineid hätt bekommen müssen. Aber wie der Richter den ersten Brief verlesen hat, ganz langsam hat er's gemacht, ist sie vor ihn hingetreten und hat sie zurückverlangt, so daß sie keine Alimente gekriegt hat. Das Wasser ist ihr, heißt's, aus den Augen gelaufen wie ein Fluß, wie sie mit den Briefen aus dem Landsgericht gekommen ist, und die Mutter war fuchtig und er hat gelacht. Das ist die Liebe. *(6,340)*

ÜBER KANTS DEFINITION DER EHE IN DER »METAPHYSIK DER SITTEN«

Den Pakt zu wechselseitigem Gebrauch
Von den Vermögen und Geschlechtsorganen
Den der die Ehe nennt, nun einzumahnen
Erscheint mir dringend und berechtigt auch.

Ich höre, einige Partner sind da säumig.
Sie haben – und ich halt's nicht für gelogen –
Geschlechtsorgane kürzlich hinterzogen:
Das Netz hat Maschen und sie sind geräumig.

Da bleibt nur: die Gerichte anzugehn
Und die Organe in Beschlag zu nehmen.
Vielleicht wird sich der Partner dann bequemen

Sich den Kontrakt genauer anzusehn.
Wenn er sich nicht bequemt – ich fürcht es sehr –
Muß eben der Gerichtsvollzieher her. *(11,270)*

Auch Liebende können ihre Ansprüche ja nicht zurückschrauben und sich etwa mit Partnern begnügen, die minder sind, als einmal angenommen. *(27,350)*

VON DEN VERFÜHRTEN MÄDCHEN

1
Zu den seichten, braunversumpften Teichen
Wenn ich alt bin, führt mich der Teufel hinab.
Und er zeigt mir die Reste der Wasserleichen
Die ich auf meinem Gewissen hab.

2
Unter sehr getrübten Himmeln schwammen
Lässig und müde sie in die Hölle hinein
Wie ein Geflechte von Algen, alle zusammen
Wollen dort auf meine Kosten sein.

3
Ihre faulen entzündeten Leiber gaben
Einst mir Glut, die ich selber mir angefacht
Die den orangenen Tag mit mir genossen haben
Sie entzogen sich der düsteren Nacht.

4
Satt und bequem, als die schöne Speisung vorüber
Stießen aus Faulheit sie mich in Gewissensqual
Versauten die Erde mir, machten den Himmel mir
trüber
Ließen mir einen entzündeten Leib und kein
Bacchanal. *(11,108f.)*

Als der große chinesische Weise Konfuzius die schönste seiner Frauen längere Zeit nicht sah, da sie in einer fremden Stadt lebte, verfaßte er ein Werk über die Reisekunst. Einer ihrer Liebhaber las es ihr in ihren Armen vor und sie bewunderte höchlich den großen Stil dieses Werkes, das heute noch mit viel Nutzen gelesen wird. *(19,205)*

BALLADE VOM FÖRSTER UND DER GRÄFIN

Es lebt eine Gräfin in schwedischem Land
Die war ja so schön und so bleich.
»Herr Förster, Herr Förster, mein Strumpfband ist los
Es ist los, es ist los.
Förster knie nieder und bind es mir gleich!«

»Frau Gräfin, Frau Gräfin, seht so mich nicht an
Ich diene Euch ja für mein Brot.
Eure Brüste sind weiß, doch das Handbeil ist kalt
Es ist kalt, es ist kalt.
Süß ist die Liebe, doch bitter der Tod.«

Der Förster, er floh in der selbigen Nacht.
Er ritt bis hinab zu der See.
»Herr Schiffer, Herr Schiffer, nimm mich auf in dein
Boot
In dein Boot, in dein Boot
Schiffer, ich muß bis ans Ende der See.«

Es war eine Lieb zwischen Füchsin und Hahn
»Oh, Goldener, liebst du mich auch?«
Und fein war der Abend, doch dann kam die Früh
Kam die Früh, kam die Früh:
All seine Federn, sie hängen im Strauch. *(15,209)*

KIN-JEH ÜBER DIE LIEBE

Ich spreche nicht über die fleischlichen Freuden, obgleich über sie viel zu sagen wäre, noch über die Verliebtheit, über die weniger zu sagen ist. Mit diesen beiden Erscheinungen käme die Welt aus, aber die Liebe muß gesondert betrachtet werden, da sie eine Produktion ist. Sie verändert den Liebenden und den Geliebten, ob in guter oder in schlechter Weise. Schon von außen erscheinen Liebende wie Produzierende, und zwar solche einer hohen Ordnung. Sie zeigen die Passion und Unhinderbarkeit, sie sind weich, ohne schwach zu sein, sie sind immer auf der Suche nach freundlichen Handlungen, die sie begehen könnten (in der Vollendung nicht nur zum Geliebten selber). Sie bauen ihre Liebe und verleihen ihr etwas Historisches, als rechneten sie mit einer Geschichtsschreibung. Für sie ist der Unterschied zwischen keinem Fehler und nur einem Fehler ungeheuer – welchen Unterschied die Welt ruhig vernachlässigen kann. Machen sie ihre Liebe zu etwas Außerordentlichem, haben sie nur sich selber zu danken, fallieren sie, können sie sich sowenig mit den Fehlern des Geliebten entschuldigen wie etwa die Führer des Volks mit den Fehlern des Volks. Die Verpflichtungen, die sie eingehen, sind Verpflichtungen gegen sich selber; niemand könnte die Strenge aufbringen in bezug auf die Verletzungen der Verpflichtungen, die sie aufbringen. Es ist das Wesen der Liebe wie anderer großer Produktion, daß die Liebenden vieles ernst nehmen, was andere leichthin behandeln, die kleinsten Berührungen, die unmerklichsten Zwischentöne. Den Besten gelingt es, ihre Liebe in völligen Einklang mit anderen Produktionen zu bringen; dann wird ihre Freundlichkeit zu einer allgemeinen, ihre erfinderische Art zu einer vielen nützlichen und sie unterstützen alles Produktive. *(18,175 f.)*

1

JETZT IN DER NACHT, wo ich dich liebe
Sind weiße Wolken am Himmel ohne Laut
Und die Wasser brausen über die Steine
Und der Wind erschauert in dem dorren Kraut.

2

Weiße Wasser rinnen
Abwärts Jahr für Jahr.
Und am Himmel gibt es
Wolken immerdar.

3

Später, in den einsamen Jahren
Werden Wolken weiße noch geschaut.
Und die Wasser werden brausen über die Steine.
Und der Wind wird erschauern in dem dorren Kraut.

(13,216f.)

Sommer, in der engen Kammer. Sommer. In unserm weißen Bett. Wenn wir die Fenster aufreißen, schlägt sein Geruch herein in die Kammer, wo das Holz fast blüht, und man sieht in den Himmel hinein, schamlos. Aber ich will das Zimmer ganz mit dir füllen. Deine Haut ist weich wie gebläht. Ich bin betrunken und du schwankst. Der Himmel ist violett, wir fahren mit der Schaukel, Malaga und Madeira im Bauch und der Himmel ist violett. Ich liebe dich. *(1,48)*

DIE LIEBSTE GAB MIR einen Zweig
Mit gelbem Laub daran.
Das Jahr, es geht zu Ende
Die Liebe fängt erst an. *(15,240)*

Der Beischlaf stört die Weisheit nicht
Aber die Weisheit stört den Beischlaf *(10,714)*

DRITTES LIED DES GLÜCKSGOTTS

Als die Braut ihr Bier getrunken
Gingen wir hinaus. Der Hof lag nächtlich.
Hinterm Abtritt hat's gestunken
Doch die Wollust war beträchtlich.

Als wir wieder drinnen saßen
In der Menge, alt und jung
Sang ich: unterm grünen Rasen
Ist zu wenig Abwechslung. *(15,88)*

Die Zeiten sind furchtbar, diese Stadt ist eine Hölle, aber wir krallen uns an der glatten Mauer hoch. Dann ereilt einen von uns das Unglück: er liebt. Das genügt, er ist verloren. Eine Schwäche und man ist abserviert. Wie soll man sich von allen Schwächen freimachen, vor allem von der tödlichsten, der Liebe? Sie ist ganz unmöglich! *(6,226)*

LIEBESLIED

Man muß schon Schnaps getrunken haben
Eh man vor Deinem Leibe stand
Sonst schwankt man ob der trunknen Gaben
Von schwachen Knien übermannt.

O Du, wenn im Gesträuche kreisend
Der Wind die Röcke flattern läßt
Und man, das weiche Tuch zerreißend
Die Kniee zwischen Deine preßt.

Den Abendhimmel macht das Saufen
Sehr dunkel, manchmal violett.
Dazu Dein Leib im Hemd zum Raufen
In einem breiten weißen Bett.

Die Wiese schwankt nicht nur vom Trinken
Wenn man in Deinen Knieen liegt.
Der dunkle Himmel will versinken
Indem er sanft sich schneller wiegt.

Und Deine weichen Kniee schaukeln
Mein wildes Herz in Deine Ruh
Und zwischen Erd und Himmel schaukeln
Wir leichtgeschwellt der Hölle zu. *(13,123f.)*

»Ach«, seufzte sie, »wie erschütternd ist doch der Kampf Elviras, dieses reinen, schönen Mädchens mit ihren sündigen Gedanken! Sie liebt ihren Geliebten, diesen hochgemuten, sportgestählten Mann; sie liebt ihn aus tiefstem Herzen, mit den lautersten und edelsten Gefühlen, und doch gibt es Wünsche tief in ihrem Innern, dunkle, triebhafte, schwüle Wünsche, die von sündigen Leidenschaften nicht allzu verschieden sind! ›Wie wird mir angesichts dieses geliebten Mannes?‹ seufzt sie oft. ›Und wo wird mir so?‹ Und mein Fall ist, mit dem Elviras verglichen, sogar noch schlimmer. Denn ich liebe nicht und hege jene Wünsche doch! Kann ich vorgeben, daß mein Geliebter sie in mir weckt? Ich kann es nicht vorgeben. Ich werde doch nicht von der Schönheit überwältigt – von Schönheit kann man bei Herrn Beckett wohl kaum sprechen, noch von hochgemut bei Herrn Smiles – ich stehe sozusagen in der Frühe auf aus meinen Federn und beim Waschen, einer gewiß unschuldigen Beschäftigung, kommen mir solche Wünsche, die leider ganz allgemein gerichtet sind, beinahe auf jeden Mann, und die Herrn Beckett und Herrn Smiles in meinen Augen erst zu Schönheiten machen! Was soll ich von mir denken? Wenn das so weiter geht, daß ich in dieser weltabgeschiedenen Kammer mit den unschuldig rosa getünchten Wänden, das Leintuch bis zum Kinn hoch gezogen, mir solche Bilder ausmale – von meinen Träumen will ich schon gar nicht reden –, muß ich noch fürchten, meine fleischlichen Begierden führen mich in den Rinnstein, wo manch andere endete, wie ich höre.[...]«

(16,30f.)

IN SALON UND BOUILLONKELLER unter
    Brückenbogen über Dächer
Meistens schwarz maskiert und immer frecher

Haust in Saus und Braus seit altersher der Verbrecher –
Selbstverständlich.

Nicht weit weg, bald einzeln, bald in Scharen
Stets mit hübschen Beinen, sex appeal und vielen
Haaren
Haust das Girl, in Unschuld, unberührt und
unerfahren –
Selbstverständlich.

Und nun kämpfen mit dem Mann unendlich
Schuld und Unschuld, tugendhaft und schändlich
Und die Unschuld zeigt sich stets erkenntlich
Und wer siegt? Die Unschuld selbstverständlich.

Ach Sie fragen nach dem Weltbild? Das ist
hollywoodlich
Wie vermutlich
Und das Ganze endet happyendlich
Selbstverständlich. *(14,28)*

BLASPHEMIE

Wenn es etwas gibt
Was du haben kannst für Geld
Dann nimm dir das Geld
Wenn einer vorübergeht und hat Geld

Schlage ihn auf den Kopf
Und nimm dir sein Geld:
Du darfst es.

Willst du wohnen in einem Haus?
Gehe in ein Haus
Lege dich in ein Bett
Wenn die Frau herein kommt
Beherberge sie.
Wenn das Dach durchbricht, gehe weg.
Du darfst es.

Wenn es einen Gedanken gibt
Den du nicht kennst
Denke den Gedanken.
Kostet er dich Geld
Verlangt er dein Haus:
Denke ihn, denke ihn.
Du darfst es.

Im Interesse der Ordnung
Zum Besten des Staates
Für die Zukunft der Menschheit
Zu deinem eigenen Wohlbefinden
Darfst du. *(11,172)*

Ich liebe Dich, Du kannst nie fortgehen und Du liebst mich auch, alles ist gut oder schlecht, schwer oder leicht, aber man kann ihm abhelfen, vieles ist schon anders geworden bei Dir und bei mir, liebe Marianne, aber ich habe Dich lieb und Du mußt bei mir bleiben und ich bei Dir. *(28,155)*

DIE GEBURT IM BAUM

1
Zwischen superfeinen Leichen
Braunem Raubtier sanft gesellt
Schwamm im Frühling ich mit gleichen
Satten Fressern aus der Welt.

2
Zwar war ich allein von allen
Goldgelb mit Musik gefüllt
Und, im Fleisch noch ihre Krallen
Nackt in Himmel eingehüllt.

3
Doch von dieser armen Erde
Nahm ich einzig mit mir als
Zeichen, daß sie mich verehrte
Einen Liebesbiß im Hals.

4
Blaue Salzflut überschwemmte
Mir das Fleisch bis auf das Bein
Wusch mich schnell von Kot und Hemde
Faustschlag (und auch Küssen) rein.

5
Bösen Träumen hingegeben
Mit mir selbst im Tod vereint
Hab ich Algen mich ergeben
Sie beschlafen, wie es scheint.

6
Als der Sommer wiederkehrte
War ich Aas in grüner Bucht
Und in einem Baum der Erde
Schlug ich himmelwärts die Flucht.

7
Grüne Wände wuchsen sommers
Über mich verfaultes Aas
Und im Herbste schwammen Wolken
Weiße, ob verfaultem Gras. *(13,160 f.)*

Erstens: Liebe verkauft man nicht, sonst ist es käufliche Liebe. Zweitens: respektabel ist, nicht mit dem, der einen bezahlt, sondern mit dem, den man liebt. Drittens: nicht für eine Handvoll Reis, sondern aus Liebe.

(6,202)

Als sie unschuldsvoll in Kissen
Weißen Kissen schuldlos lag
War sie so zum Schluchzen herrlich
Daß ich nicht dran denken mag.
Über uns war weiße Decke
Aber Himmel *über* der –
Wilder Himmel, blauer Himmel
Und erlöste die Begehr.
Und sie zitterte, ich glaube
Schon war Wiegen mir im Knie
Aber lang sah ich den Himmel
Und ich sah: ich darf es nie. –
Dies war Himmel. Aber Wolken
Weiße in der wilden Nacht
Die der Sturm trieb, die sich bangten
Sah ich – als sie halb erwacht
Halb im Schlaf die schwachen Arme
Hilflos lächelnd um mich schlang
Und mit ihr das milde warme
Leben selig an mich drang. *(28,80 f.)*

Ich habe immer gehört, wenn man liebt, geht man auf Wolken, aber das Schöne ist, daß man auf der Erde geht, dem Asphalt. Ich sage euch, die Häusermassen sind in der Frühe wie Schutthaufen, in denen Lichter angezündet werden, wenn der Himmel schon rosa und noch durchsichtig, weil ohne Staub ist. Ich sage euch, es entgeht euch viel, wenn ihr nicht liebt und eure Stadt seht in der Stunde, wo sie sich vom Lager erhebt wie ein nüchterner alter Handwerker, der seine Lungen mit frischer Luft vollpumpt und nach seinem Handwerkzeug greift, wie die Dichter singen. *(6,214)*

ACHTES SONETT

Nachts, wo die Wäsche an der Hecke hing ...
Am Bach im Wald, du standest, rings war Wildnis ...
Im kleinen Holzbett, unterm Bronzebildnis ...
Auf schwedischem Bett im Arbeitsraum; er fing

Eben zu trocknen an... am Hang, bei großer Schräge ...
Im Eck der Schreibstub, zwischen Fenster und
Schrank ...
Im Gasthof, der Petroleumofen stank ...
Im Lagereck der Schreibstub, essensträge ...

Im Kloster, durch Klaviere aufgebracht ...
Möbliert, du warfst den Schlüssel vom Balkon ...

Im einen Zimmer des Hotels ... in beiden ...
Im Vaterland der Werktätigen ... schon
Zu jeder Stund des Tags ... und auch der Nacht ...
In gut vier Ländern ... allen Jahreszeiten... *(11,191)*

Aber, gnädige Frau, ein Mann hat immer Angst vor einer Frau, die ihn zu sehr liebt. Natürlich kommt es dann so, daß er dann die Frau vernachlässigt und meidet. *(2,295)*

DER JÜNGLING UND DIE JUNGFRAU
KEUSCHHEITSBALLADE IN DUR

Ach, sie schmolzen fast zusammen
Und er fühlte: Sie ist mein.
Und das Dunkel schürt die Flammen.
Und sie fühlt: Wir sind allein.
Und er küßte ihr die Stirne
Denn sie war ja keine Dirne –
Und sie wollte keine sein.

Oh, das süße Spiel der Hände!
Oh, ihr Herz ward wild wie nie!
Daß er die Kurasche fände
Betet er und betet sie.
Und sie küßte ihm die Stirne

Denn sie war ja keine Dirne
Und sie wußte nur nicht wie...
Und um sie nicht zu entweihen
Ging er einst zu einer Hur
Und die lernte ihm das Speien
Und die Feste der Natur.
Immerhin ihr Leib war Lethe
Bisher war er kein Askete
Jetzt erst tat er einen Schwur.

Um zu löschen ihre Flammen
Die er schuldlos ihr erregt
Hängt *sie* sich an einen strammen
Kerl, der keine Skrupel hegt.
(Und der haute sie zusammen
Auf die Treppe hingelegt.)
Immerhin sein Griff war Wonne
Und sie war ja keine Nonne
Jetzt erst war die Gier erregt.

Und er lobte sein Gehirne
Daß es klug gewesen sei:
Als er sie nur auf die Stirne
Einst geküßt im sel'gen Mai –
Er als Mucker, sie als Dirne
Sie gestehn Scham auf der Stirne:

Es ist doch nur Sauerei. *(11,13 f.)*

Wenn zwei junge Menschen in die Ehe treten, die reine Braut und der in den Stürmen des Lebens gereifte Mann, dann singen, heißt es, die Engel im Himmel! Wenn die junge Braut zurückschaut auf die schönen Tage ihrer Kindheit, dann mag sie wohl eine leise Wehmut beschleichen, denn nun tritt sie hinaus ins Leben, ins feindliche Leben, freilich an der Seite des erprobten Mannes, der nun einen Hausstand gegründet hat, mit eigener Hand, in unserem Falle wörtlich zu nehmen, um nun mit der Erwählten seines Herzens Freud und Leid zu tragen. Deshalb laßt uns trinken auf das Wohl dieser beiden edlen, jungen Menschenkinder, die heute einander zum erstenmal gehören sollen und dann für alle Ewigkeit! *(1,248)*

MELINDAS LIED

Chloe saß an einem Bach
Aus dem Schlehdorn trat Achill
Fragte sie der Held, ob sie ihn, ach
Lieben will?
Sah das Mädchen fürchtesam ihn an
Und verbarg im Klee das Angesicht.
Sprach der Held und staunte: Mädchen, dann
Gefällt dir wohl mein güldner Küraß nicht?

Wandte sich zum Gehn Achill
Und es rauschte hell der Bach
Und im Dorn die Vöglein wurden still –
Sprach sie: Ach.
Sprach das Mädchen: Ach, wie leicht doch ficht
Es sich gegen Löwe, Hirsch und Pfau
Ach, dein güldner Küraß ist es nicht
Gefallen könnt mir deiner Augen Blau. *(15,289)*

ICH HABE DICH NIE JE SO GELIEBT, Ma sœur.
Als wie ich fortging von dir in jenem Abendrot.
Der Wald schluckte mich, der blaue Wald, ma sœur
Über dem immer schon die bleichen Gestirne im
Westen standen.

Ich lachte kein klein wenig, gar nicht, ma sœur.
Der ich spielend dunklem Schicksal entgegenging –
Während schon die Gesichter hinter mir
Langsam im Abend des blauen Walds verblaßten.

Alles war schön an diesem einzigen Abend, ma sœur
Nachher nie wieder und nie zuvor –
Freilich: mir blieben nur mehr die großen Vögel
Die abends im dunklen Himmel Hunger haben.

(13,153)

Meine Marianne,
es ist alles grün und der Sommer kommt mit Schnapstrinken. Und man kann im Wasser liegen, rauchen und hinauf schauen. Was machst Du mit Deinem braunen Körper? Wir sind noch nicht im grünen Sommer gelegen! Komm einen Sommer zu uns und tue im Winter, was Du willst! *(28,118)*

DAS DRITTE SONETT

Als ich schon dachte, daß wir einig wären
Gebrauchte ich, fast ohne drauf zu achten
Die Wörter, welche meinten, was wir machten
Und zwar die allgemeinsten, ganz vulgären.

Da war's, als ob von neuem du erschrakst
Als sähst du jetzt erst, was das, was wir machten, sei
In vielen Wochen, die du bei mir lagst
Lehrt ich von diesen Wörtern dich kaum zwei.

Mit solchen Wörtern rufe ich den Schrecken
Von einst zurück, als ich dich frisch begattet
Es läßt sich länger nunmehr nicht verdecken:
Das Allerletzte hast du da gestattet!
Wie konntest du dich nur in so was schicken:
Das Wort für das, was du da tatst, war *(11,186)*

Eine Laute ist hier, die hat nur mehr zwei Saiten. Allzu viel spielte die Liebe *ihr* mit. Abends spiele *ich*. Ich spiele Lieder an Dich, Zentralsonne meiner Jugend, Inhalt meiner unsterblichsten Lieder! Denn lang kann ich nicht schlafen. Immer denke ich an Dich, darum kann ich nicht schlafen. Auch rauscht der Wald droben stärker als drunten der See. Und vom Bett aus sehe ich Wald und Nachthimmel. Aber immer denke ich an Dich, wie der Gärtner an seine Frau denkt und seine Frau an seine Dotschen. Ich bin einsam wie alle Berühmtheiten, wie auch der Fichtenbaum auf der kahlen Höhe des Gedichtes von Heine, der ein so schönes Gesicht hatte. (Der Heine natürlich!) Einsam bin ich wie die weinenden Rosse des Achilles, o Du liebliche Rose, blühend im mondlichten Tal der Verleumdung, wo es so unheimlich hell ist! Siehe, ich grüße Dich, Du Futter meiner Bandwurmsätze, Du Sphinx meines Mondscheinnachtskahnfahrtentraumwahnsinns, Du funkelnder Hohlspiegel des Nirwana, stolze, kluge Perlenfischerin im Meer dieses Unsinns, schmücke Dich mit den Perlen, kleine Ingeborg Brennessel! *(28,28)*

DAS VIERTE SONETT

Den du so freundlich eingeladen hast:
Du hattest keinen Ort, ihn zu empfangen.
Bevor er ging, beschwerte sich dein Gast
Gekommen eilig, eilig auch gegangen.

Fandst du ihm, den du einludst, keinen Raum?
Der ärmste Bettler findet seinem Gast ein Brot!
Hier tat kein Haus und keine Kammer not
Nur ein klein Obdach hinter einem Baum!

Denn ohne das war seiner man nicht froh
Schnell abgefertigt, schien er unwillkommen
Ihn da zu haben, schien recht unerquicklich!

So ward der Mut ihm, da zu sein, genommen
All seine Wünsche schienen ihm jetzt roh
Und seine Eile schien ihm nicht mehr schicklich.

(11,186)

Aus der Liebe wird oft so viel Wesens gemacht, daß vernünftige Leute ungeduldig werden können. Sie wird aus dem gewöhnlichen Leben ganz herausgenommen, für sich allein gestellt, als stehe sie über oder doch wenigstens außer dem Leben und müsse ganz für sich betrachtet werden. *(22,29)*

DAS SECHSTE SONETT

Als ich vor Jahr und Tag mich an dich hing
War ich darauf nicht allzu sehr erpicht:
Wenn man nicht wünscht, vermißt man vielleicht nicht
Gab's wenig Lust, ist auch der Gram gering.

Und besser ist: kein Gram als: viele Lust
Und besser als verlieren: sich bescheiden.
Der Männer Wollust ist es: nicht zu leiden.
Gekonnt ist gut, doch allzu schlimm: gemußt.

Natürlich ist das eine schäbige Lehre
Der war nie reich, der niemals was verlor!
Ich sag auch nicht, daß ich verdrießlich wäre...

Ich meine nur: wenn einer an nichts hinge
Dem stünd auch keine schlimme Zeit bevor.
Indessen sind wir nicht die Herrn der Dinge. *(11,187)*

Verehrtes Fräulein!
Diesen Brief zu schreiben ist sehr heikel und schwer. Und man muß sehr vorsichtig sein, wenn man sich zum Beispiel neulich wegen eines ungebärdigen Aufsätzleins eine kleine schmerzhafte Dimissionsandrohung zugezogen hat. In den erreichbaren Briefstellern findet sich nichts irgendwie Passendes, sonst würde ich es unbedenklich abschreiben, denn der Briefsteller kennt seine Adressatinnen aus Übung, ich aber nicht. Allerdings hält er alle Briefempfängerinnen für gleich. Ich tue das nicht, sonst würde ich den Brief, den ich jetzt bald anfangen muß, lieber nicht schreiben. Denken Sie bitte nicht, daß ich glaubte, Sie gewährten dem Nächstbesten Audienzen. Ganz im Gegenteil – gerade

weil ich Sie für durchaus unnahbar für den Nächstbesten halte, gefallen Sie mir so gut. – Bitte, das kann Sie noch nicht erzürnen.

Ich bin kein Nächstbester.

Wenn Sie jetzt ein Lächeln nicht unterdrücken können, verzeihe ich. Verlegenheit macht umständlich. – Sie sehen mich jeden Morgen auf dem Schulweg. Ich habe meist einen belanglosen sehr blonden Freund bei mir und bin selbst durchaus belanglos. Bisher habe ich auf Sie nicht den geringsten Eindruck gemacht. Ich muß Ihnen gestehen, mit Pistolen spiele ich nicht gern. Sie gehen so leicht los. Ich habe auch nicht in düstrer Ironie verflucht, daß alles wahrhaft Große auf Erden verachtet wird. Und ich habe dann nicht mit aufflammendem tragisch erhelltem Blick prophezeit, daß dieses Große dennoch einmal triumphieren werde, jawohl! Dies alles habe ich nicht unternommen. Denn es ist nicht von Belang, daß meine der Sehnsucht entsprungenen Gedichte aufstrahlen müßten, wenn dieser Sehnsucht Gegenstand vermodert und begraben ist. Darin liegt für mich wenig Trost. Darauf verzichte ich auf meinen vornehmen Schmerz um Privatvergnügen und fordere Sie auf, einen Teil der Unannehmlichkeiten zu übernehmen, die daraus entstanden, daß Sie mir so gut gefallen. Bitte. *(28,20)*

DAS SIEBENTE SONETT

Ich riete dir, dich mir zu überlassen
Und keinen Handel mehr mit dir zu treiben
Doch fürchte ich, du sagst: das laß ich lieber bleiben
Wenn ich das tät, das könnte dir so passen!

Daß du mich dann behandelst wie ein Essen
Das außer *einem* keine Esser hat:
Er schiebt's vom Teller, denn er ist ja satt.
Was keiner stehlen kann, wird leicht vergessen!

Ich denke so: nach dem Gesetz der Märkte
Das vorschreibt, den Geschlechtsteil auszunützen
Bestünd hier ein Verdacht, den solch ein Rat
verstärkte...

Dein Rat mag gut sein, wirst du sagen, schad
Er ist verdächtig, auch zu unterstützen
Den, der ihn gibt. Gut, ich verschweig den Rat. *(11,188)*

Ja. Ich kann also die Rosmarie nicht mehr küssen (sie hat weiche, feuchte, volle Lippen in dem blassen durstigen Gesichtchen). Ich kann andere küssen, natürlich. Ich sehe 100 Münder vor mir, sie verschmachten ohne meinen Kuß. 30 Jahre gebe ich mir und fünf Erdteile. Aber die Rosmarie kann ich also ... Kreuzteufel! Was sind 100 Möglichkeiten gegen *eine* Unmöglichkeit?

Vergessen ist Kraft = Flucht aus – Schwäche. Das Höchste, was man kann, ist: das zu nehmen, was man nehmen kann. Und das andere? Aber das andere, das man nicht ...? *(28,39)*

DAS ELFTE SONETT

Als ich dich in dies fremde Land verschickte
Sucht ich dir, rechnend mit sehr kalten Wintern
Die dicksten Hosen aus für den (geliebten) Hintern
Und für die Beine Strümpfe, gut gestrickte!

Und für die Brust und für unten am Leibe
Und für den Rücken sucht ich reine Wolle
Damit sie, was ich liebe, wärmen solle
Und etwas Wärme von mir bei dir bleibe.

So zog ich diesmal dich mit Sorgfalt an
Wie ich dich manchmal auszog (viel zu selten!
Ich wünscht, ich hätt das öfter noch getan!)

Mein Anziehn sollt dir wie mein Ausziehn gelten!
Nunmehr ist, dacht ich, alles gut verwahrt
Daß es auch nicht erkalt, so aufgespart! *(11,189)*

Die Verachtung der physischen Liebe muß bekämpft werden, statt dessen muß die Verhimmlung der seelischen Liebe der Verachtung preisgegeben werden.

(21,259)

UND DAS LÄCHELN, das mir galt
Gilt nun einem andern
Konnte ich's nicht behalten halt
Muß ich's lassen wandern. *(15,287)*

LIEBESLIED AUS EINER SCHLECHTEN ZEIT

Wir waren miteinander nicht befreundet
Doch haben wir einander beigewohnt.
Als wir einander in den Armen lagen
Warn wir einander fremder als der Mond.

Und träfen wir uns heute auf dem Markte
Wir könnten uns um ein paar Fische schlagen:
Wir waren miteinander nicht befreundet
Als wir einander in den Armen lagen. *(15,286)*

SEXUALITÄT DES DRITTEN JAHRZEHNTS

Die Sexualität spielt keine besondere Rolle, d.h. selbst in den zahlreichen Katastrophen, die sie den Spalten der Zeitungen liefert, ist nichts Besonderes, mit dem viel Aufhebens oder Rühmens zu machen wäre; es scheint, die Bedürfnisse, die der Sexus stellt, können leicht befriedigt werden: sie sind nicht sehr groß. Andere Zeiten zeigen darin eine Unersättlichkeit, die ihre Phantasie ungeheuer fruchtbar machte. Das waren die großen Zeiten des Sexus, sie kann jeden Tag wieder anbrechen. Der Schreiber erkennt solche Flauten des Marktes an etwas für ihn Untrüglichem: sein Wortmaterial. Die Instinkte eines Wortes sind die der Begierde, die es bezeichnet. Heute hat die Affinität der sexuellen Wörter, d.h. ihre Hinneigung zu anderen, fast gänzlich aufgehört. Es bilden sich keine Assoziationen mehr. *(21,373)*

1

SCHÖNE NELKE an dem Busen
Du bist nicht für uns erblüht
Ach die Welt hat nur Verachtung
Für ein zarteres Gemüt.

2

Eine dünne, rote Binde
Um den Hals als wie ein Blut
Das verlockt ein Kind zur Sünde
Daß sie's schon im Hausgang tut.

3
Einen Adamsapfel triebe
Mancher feine Herr gern auf
Dieser setzt so oft der Liebe
Erst die letzte Weihe auf.

4
Geh ma zua, die seidenen Socken
Man soll halt nichts übertreibn!
Ist sie so a fade Nocken
Wenn's net so mag, laßt sie's bleibn. *(13,128 f.)*

Nun hat mich Bittersüß lieb. So nenne ich Paul. Sie ist wundervoll weich und frühlingshaft, scheu und gefährlich. Tagtäglich führe ich mich in Versuchung, um mich von allen Übeln zu erlösen. Aber ich will nicht tun, was ich tun will? Was aber, wenn *sie* will? Schreibe mir, heiliger Cas, was dann ist! Wer besser ist als ich, auf den werfe ich den ersten Stein. *(28,44)*

DEN JUNGEN WEIBERN mit den hohen Busen
Sind wir viel leichter als der Herr Gemahl
Sie *liebt* den Kerl, der ihr vom Bett weg Blusen
Die ihr Gemahl bezahlt, beim Abschied stahl.

Sie heben ihre Augen bis zum Himmel
Und ihre Röcke bis zum Hinterteil.
Und ist er frech, so macht der dümmste Lümmel
Bloß mit dem Adamsapfel sie schon geil. *(11,11)*

DIE NICHT ZU VERGESSENDE NACHT

Der Himmel über mir in der nicht zu vergessenden
Nacht
War hell genug. Der Stuhl, auf dem ich saß
War bequem genug. Das Gespräch
War leicht genug. Das Getränk
War scharf genug. Und weich genug
War dein Arm, Mädchen, in der
Nicht zu vergessenden Nacht. *(14,320)*

DIE GESCHICHTE DES MACHANDELBAUMS

Es war ein Mann, der hatte eine Frau, die sehr gut war, aber er war kein guter Mann. Er wälzte sich im Schmutz und log und betrank sich und er betrog sie auch.

Und sooft er ihr einen Kummer machte, ging sie hinaus und zu einem Machandelbaum, der im Hofe stand, und weinte auf ihn. Es war ein schöner Baum und der Mann stand im Fenster und sah ihr zu und er liebte den Baum. Und eines Tages lief die Frau fort.

Nun ging der Mann oft zu dem Baum hin und setzte sich darunter. Aber eines Tages bemerkte er, daß der

Baum anfing zu welken, und das war nicht aufzuhalten. In Regen und Sonne stand der Baum und welkte dahin.

Oft setzte sich der Mann an das Klavier und ließ das Fenster offen stehen, daß der Baum ihn hören konnte, aber der Baum hörte nicht auf ihn.

Mochte es nun sein, was es wollte, aber der Mann konnte keine Nacht mehr schlafen und sosehr er sich betrank, es half nichts und der Baum war am Verderben.

Da ging der Mann eines Tages zu ihm hin und sagte zu ihm höre auf. Und ich bin ein böser Mensch und meine Frau ist auch weggegangen, höre auf, Machandel, und da der Baum das hörte, raschelten seine Blätter und konnte ihm nicht helfen. Aber der Himmel hörte es auch und sah wohl, daß der Mann nicht weinen konnte, und fing an zu regnen an seiner Statt.

Und es regnete die ganze Nacht.

Aber am Morgen, da es noch frühe war, saß der Mann noch unter dem Baum und der Regen ging durch ihn durch und floß zu dem Baum hin.

Und frühe gegen sieben Uhr blühte der Baum und war doch dürre.

Denn zu dieser Stunde gebar die Frau in der Fremde ein Kind, welches böse und gut war, weinen konnte und unter dem Regen sitzen konnte, sie konnte es nicht hindern.

Das ist die Geschichte vom Machandelbaum.

(19,180)

LIED VON LIEBE

Heider Hei saß bei Tine Tippe im Gras
Und helle Sonne schien
Da bat der Hei die Tine um was –
Und sie lachte sehr über ihn.
Und sie lachte sehr über ihn. *(11,12)*

LETZTES LIEBESLIED

Als die Kerze ausgebrannt war
Blieb uns nur ein kalter Stumpen
Als der Weg zu End gerannt war
Schimpften wir uns wie zwei Lumpen.
Beatrize war gestellet
Spitzel wurde ihr Begleiter
Tatbestand ward aufgehellet
Statt der Schwüre floß der Eiter.
Alle Himmel aufzureißen
Nur dem Haß wurd's zum Gewinne
Hinz und Kunz, die großen Weisen
Wußten dies von Anbeginne. *(14,383)*

[...] aber schließlich gehören Sie ja ebenso wie der Unterzeichnete zu den Leuten, die Verführungen gewachsen sind (man ist Verführungen gewachsen, indem man ihnen unterliegt). *(30,34)*

DER EHESONG

Hauptsache ist, daß man auf alles einen Kognak
nimmt
Und so 'ner Sache klar ins Auge blickt
Und schaut, ob diesem ganzen Kerzenzimt
Auch ein gesunder Sinn zugrunde liegt:
Man ist versorgt. Man hat eine Familie.
Sonst hat man ja doch weder Fleisch noch Fisch
Man ist mal eben nicht so wählerisch:
Am Morgen ist man dafür dann auch frisch
Und kommt man heim: das Fleisch steht auf dem
Tisch.
Die Frau schenkt einem schließlich ihre Lilie!
Da natürlich wär es schön, wenn dann
Unsereiner etwas tiefer schürfte
Daß die Bindung nicht so flüchtig ist und man
Seine zwei, drei Jahre damit rechnen dürfte ...
Denn wir sagen uns: In diesem traurigen Leben
Ist die Liebe immer das Sicherste doch
Und wir wissen ja: Es wird sie nicht immer geben
Aber jetzt scheint der Mond über Soho noch.

Hauptsache ist, daß man der Wahrheit die Ehre gibt
Und nicht nach Sprit riecht, wenn man »Liebste«
haucht!
Sondern daß so ein Mann sie kräftig liebt
Und weiß, daß eine Frau *viel* Liebe braucht.
Man ist jetzt Frau. Man hat entsprechend Pflichten
Die Pflichten sind sogar mitunter schwer –

Dann will man aber auch seinen Verkehr
Und regelmäßig und nicht nebenher
Das hat man schwarz auf weiß jetzt – bitte sehr!
Da muß der Mann sich eben danach richten.
Da natürlich wär es schön, wenn dann
Auch die Liebe etwas mitzusprechen hätte
Daß die Bindung nicht nur einfach tierisch ist und man
Sich auch menschlich hochschätzt und nicht nur im Bette.
Denn wir sagen uns: In diesem traurigen Leben
Ist die Liebe immer das Sicherste doch
Und wir wissen ja: Es wird sie nicht immer geben
Aber jetzt scheint der Mond über Soho noch. (14,11 f.)

Liebe,
ich weiß nichts, was Dich mit Grund unruhig machen könnte. Es sind jetzt mehr als zehn Jahre, daß wir einander nahe sind. Du bist mit mir über die halbe Welt gekommen, hast für mich gearbeitet, wie ich für Dich gearbeitet habe, und hast mir ein Kind geboren. Daß es uns gestorben ist, macht keinen Unterschied in dem, was es für uns bedeutet. Ich bin sehr froh, daß ich Dich nicht dabei verloren habe. So hat sich zwischen uns nichts geändert außer zum Guten, und vor uns stehen Jahre, die wir zusammen zu verbringen beabsichtigen. Es sind Schwierigkeiten da, aber nur die gewöhnlichen,

keine neuen. Nichts Schlimmeres, als Du mit einem kleinen Pflaster auf der Stirn überwinden kannst.
bertolt *(29,339 f.)*

ALS ICH NACHHER von dir ging
An dem großen Heute
Sah ich, wie ich sehn anfing
Lauter lustige Leute.

Und seit jener Abendstund
Weißt schon, die ich meine
Hab ich einen schönern Mund
Und geschicktere Beine.

Grüner ist, seit ich so fühl
Baum und Strauch und Wiese
Und das Wasser schöner kühl
Wenn ich's auf mich gieße. *(15,240)*

Und die Liebe ist, wie wenn man seinen nackten Arm in kühlem Teichwasser schwimmen läßt, mit Tang zwischen den Fingern, wie die süße Qual vor der der trunkene Baum knarrend zu singen anhebt, auf dem der wilde Wind reitet, wie ein schlürfendes Ertrinken im Wein an einem heißen Tag, und ihr Leib rinnt einem wie sehr kühler Wein in alle Lücken und Falten, und die Kraft kracht in den Gelenken, und die Wucht des Anpralls, der nachgegeben wird, ist wie Fliegen gegen Sturm und es nimmt einem den Atem und preßt einen zusammen, daß die Kraft inwendig noch steigt und übermächtig wird und explodiert und ihr Leib wälzt sich wie kühler Kies über dich. Aber die Liebe ist auch wie eine Kokosnuß, die gut ist, solange sie frisch ist, und die man ausspeien muß, wenn der Saft ausgequetscht ist und das Fleisch überbleibt, welches bitter schmeckt. *(1,29)*

WENN DU mich lustig machst
Dann denk ich manchmal:
Jetzt könnt ich sterben
Dann war ich glücklich
Bis an mein End.

Wenn du dann alt bist
Und du an mich denkst
Seh ich wie heut aus
Und hast ein Liebchen
Das ist noch jung. *(15,241)*

Es ist leider schwierig herauszufinden, ob heutige Zustände nicht auch gestrige waren, da man seinen Vater nicht nach seinem Beischlaf fragen darf. Aber heute ist jedenfalls die Verführungskraft ordinärer Wörter, den Beischlaf und seine Organe betreffend, deutlich konstatierbar. Der Genuß an zotigen Wörtern hängt sehr ab von ihrer verbürgten Schmutzigkeit. Ja, zeitweise hängt der Genuß am Beischlaf sogar von seiner verbürgten Schmutzigkeit ab. *(24,19)*

SIEBEN ROSEN hat der Strauch
Sechs gehörn dem Wind
Aber eine bleibt, daß auch
Ich noch eine find.

Sieben Male ruf ich dich
Sechsmal bleibe fort
Doch beim siebten Mal, versprich
Komme auf mein Wort. *(15,241)*

Der Geruch der wilden Mainächte ist in mir. Die Liebe ist wie ein Strudel, der einem die Kleider vom Leibe reißt, und einen nackt begräbt, nachdem man Himmel gesehen hat, blauen unermeßlichen, nichts als Himmel, blauen unersättlichen, offenen. Der Sommer singt aus mir mit einer sanften und lauthallenden Stimme, wie die von Frauen beim Pflügen, und mein eigener Leib ist voll fremder Unruhe, ich liebe Weine, einzige Lethe, aber ich bin ein großer Liebender; Gott weiß, daß ich es ernst nehme, ich gehe immer aufs Ganze. Ich verschmähe die romantische Schwärmerei, warum wird dieses Werk nicht fertig, dieses gottgewollte, verfluchte, selige, gefräßige! *(1,34)*

DURCH DIE KAMMER ging der Wind
Blaue Pflaumen fraß das Kind
Vor es seinen weißen Leib
Hingab still zum Zeitvertreib.

Doch zuvor bewies sie Takt
Denn sie wollte ihn nur nackt
Einen Leib wie Aprikosen
Vögelt man nicht in den Hosen.

Wirklich bei dem wilden Spiel
War ihr keine Lust zuviel.
Danach wusch sie sich gescheit:
Alles hübsch zu seiner Zeit. *(13,151)*

DIE JUNGEN MÄDCHEN LIEBEN UNS NICHT –
Wir Dichter
Singen ja nur von der Liebe, zum Scherze...
Und Lichter sind sie nicht. Allerdings *haben* sie
Lichter.
Aber vom Licht benützen *sie* nur die – Kerze.

Unsre Träume zeigen eben nur, daß wir – schlafen
Und das im Traume nur und nicht – mit ihnen...
Ach, zu faul zum Herrn und auch zu faul zum Sklaven
Und zu verschwendrisch sind wir, um was zu
verdienen.
Unsre Stirnen sind vom Denken wirr und bläßlich
Unsre Ehrfurcht hassen sie – als Kühle.
Unsre Augen sind, vom Schaun verdorben, häßlich.
Und – das Schauen schädigt die Gefühle.
Die jungen Frauen lieben uns auch nicht – wir Poeten
Betrügen lieber sie selbst als ihre – Gemahle.
Nur an unsre Worte glauben wir in unseren Gebeten.
Und *was* sind im Bett die schönen Ideale? *(13,96 f.)*

LIED DER MAGD

Ja, ich bin in ihn verschossen!
Nichts, was ich ihm, ach, verwehrte!
Alles hat er, ach, genossen
Bis die Schlampe ihn begehrte.
Hat sie das? Und das? Und das? So frug ich.
Doch der aller Scham und Sitte Bare
Lachen tut er! Und jetzt weiß genug ich:
Sie hat nichts. Doch hat sie die Denare!
Hol der Teufel ihn und die Megäre!
– Wenn ich nur nicht so in ihn verschossen wäre!

Schön, ich bin in dich verschossen
Aber soll sie lachen meiner?
Hab ich Tränen, ach, vergossen –
Daß ich zahlte, das sagt keiner!
Red der Schlampe jetzt nur nach dem Mund noch!
Aber mach sie besser doch nicht lachen
Denn sonst siehst du armer Hund doch
Auch das viele Gold in ihrem Rachen!
Hol der Teufel dich und die Megäre!
– Wenn ich nur nicht so in dich verschossen wäre!

(15,265)

DIE FLASCHENPOST

Ich bin vierundzwanzig Jahre alt. Man sagt, dieses Alter sei der Schwermut sehr zugänglich. Gleichwohl glaube ich nicht, daß es eine Erscheinung der Jahre ist, was meine Schwermut ausmacht. Meine Geschichte ist diese:

Mit 20 Jahren lernte ich einen jungen Mann kennen, in dessen Nähe ich mich leichter fühlte; da auch er in meiner Gegenwart froh schien, hing unsere Vereinigung nur noch von der Einwilligung unserer Eltern ab, die ohne viel Bedenken zusagten. Am Abend der Entscheidung erzählte er mir, er wolle vor unserer Vereinigung eine mehrjährige Reise in die Tropen unternehmen. Außerstande, mich ihm aufzudrängen, hielt ich ihn nicht, ja in einem bitterlichen Stolz versprach ich ihm mit aller Ruhe, die ich aufbrachte, auf ihn zu warten. Er teilte mir am anderen Tag mit, seine Reise würde ihn länger festhalten, als er gedacht, meine Geduld würde nicht ausreichen, sein Ehrgefühl verbiete es, mir solches zuzumuten, und er gebe mir also mein Wort zurück. Tief erschrocken, nicht aber ohne Fassung, nahm ich einen Brief aus seinen Händen entgegen, den nicht vor drei Jahren zu öffnen ich ihm mit der letzten Kraft meiner Stimme versprach. Wir trennten uns kühl. Er verließ nach wenigen Tagen abschiedslos die Stadt, wir sahen uns nicht wieder. Ich weiß wohl, daß die Geschichte meiner Liebe alltäglich, ja banal ist, sie ist dadurch nicht weniger bitterlich. Drei Jahre lang hielt ich den Brief von mir fern, wie sein Schreiber es gewünscht hatte, denn was einem nicht gehört, kann man sich nicht nehmen. Ich öffnete nach drei Jahren, und ich fand ein leeres Blatt. Es ist weiß und dünn und völlig geruchlos, ohne einen Flecken. Ich bin sehr unglücklich darüber.

Natürlich habe ich zuerst nur das Gefühl eines leeren Papiers in mir gehabt. Aber seither habe ich viel nachgedacht und erst allmählich wurde ich so sehr beunruhigt. Des Gedankens, irgendein Mensch könne eine Trauernde verhöhnen wollen, schäme ich mich noch jetzt. An einen Zufall glaube ich nicht, da er mich lächerlich machen würde. Eine Zeitlang beruhigte mich folgender Gedanke: Schiffer, die an der chilenischen Küste untergehen, übergeben in einer Flasche dem

Meer Aufzeichnungen über ihre letzten Stunden und chilenische Fischer entkorken vielleicht nach 20 Jahren die Flasche, und obwohl sie in keiner Weise die fremden Schriftzeichen verstehen, erleben sie doch einen Untergang auf fremden Meeren nach. Wasser und Gischt haben die Schreiber vertan, aber die Schriftzeichen, frisch wie am ersten Tag, verraten nicht, wie lange es her ist. Wie lächerlich wäre die Botschaft, wäre sie lesbar; denn wie unmöglich ist es, in einem Leben ein Wort zu finden, das die Stille nicht stört, die nach Untergegangenem entsteht und irgend etwas sagt, das nicht böse ist!

Aber dieser Gedanke befriedigte mich nicht auf die Dauer, da er zu ausgesucht beruhigend war, um wahr scheinen zu können. Bald ergriff mich die Idee, die Schriftzeichen könnten verblaßt sein innerhalb der drei Jahre: die Zeit heilt Wunden. Aber man verzeihe mir, wenn ich hier einen Gedanken erwähne, der etwas romanhaft wirkt, mich aber nicht ausläßt, seit ich ihn hatte: Wie Sie wissen, gibt es sympathetische Tinten, die eine ganz bestimmte Zeit lang lesbar sind, dann verschwinden. Zweifellos sollte dasjenige, was aufzuschreiben sich lohnt, mit solcher Tinte geschrieben werden. Ich erwähne nur noch, daß mein Geliebter vor etwa einem Jahr, also etwa zwei Jahre nach Übergabe des Briefes, der nur ein weißes Blatt ist, aus meinem Gesichtskreis vollkommen und, wie ich annehme, für immer verschwand. Ich, die ich die Geduld hatte, drei

Jahre lang auf eine Botschaft zu warten, die immer weniger für mich bestimmt war, kann mich einzig darauf berufen, daß ich immer glaubte, die Liebe sei ein Schicksal, das nicht ins Belieben des Liebenden gestellt ist, und sie sei einzig die Sache des Liebenden allein.

(19,166-168)

HISTORIE VOM VERLIEBTEN SCHWEIN MALCHUS

1

Hört die Mär vom guten Schwein
Und von seiner Liebe!
Ach es wollt geliebet sein
Und bekam nur Hiebe.

2

Weil's dem Schwein noch nie so war
(Erste, grüne Liebe!)
Liebte es mit Haut und Haar.
Und bekam nur Hiebe.

3

Denn die Sonne selber war
Diese große Liebe.
Wie, wenn sie's mit Haut und Haar
Zur Verzweiflung triebe?

4
Einmal nun im Sonnenschein
Kriegt es keine Hiebe
Und es schrie das gute Schwein:
Ist das nun nicht Liebe!?

5
Und das sehr beglückte Schwein
Es beschloß zu handeln
Um im ewigen Sonnenschein
Nun hinfort zu wandeln.

6
Und indem es Schweine fing
Daß sie sich verbeugten
Wenn das Schwein vorüberging
Ehrfurcht ihm bezeugten

7
Hoffte das begabte Schwein
Ihr zu imponieren
Und im guten Sonnenschein
Ständig zu spazieren.

8
Doch die Sonne sieht wohl nicht
Jedes Schwein auf Erden
Und sie wandt ihr Augenlicht
Ließ es dunkel werden.

9
Dunkel um das arme Schwein
Außen und auch innen.
Doch da fiel ihm etwas ein
Um sie zu gewinnen.

10
Und mit einem anderen Schwein
Übte es zusammen
Mit dem Rüssel Gift zu spein
Mit den Augen Flammen.

11
Und ein altes schwarzes Schwein
Zwang es (nur durch Reden)
Ihm und seinen Schweinerein
Algier abzutreten.

12
Und als nun die Sonne kam
Tat es voll Erregung
Halberstickt von edler Scham
Eine Fußbewegung

13
In der alles lag, was je-
mals ein Schwein empfunden
(Liebe läßt vergessen Weh
Und gesalzene Wunden!)

14
Und so legt nun diese Sau
Auf 'ner kleinen Wiesen
Tieferschüttert seiner Frau
Afrika zu Füßen.

15
Und diktiert zur selben Stund
Daß es einfach alle
Die ihm diesen Seelenbund
Störten, niederknalle.

16
Und an dunklen Tagen, wenn
Sie ihm brach die Treue
Lief es finster weg vom Trog
Watschelte ins Freie.

17
Und man sah dort, wie das Vieh
Das erschreckend blaß war
Wütend in die Wolken spie
Bis es selber naß war.

18
Ja, in einer trüben Früh
In der Brunnenkresse
Drohte es ihr, daß es sie
Einstmals doch noch fresse.

19
Da sie alles fressen, meint-
es dies wohl ehrlich;
Aber wo die Sonne scheint
Fressen Schweine schwerlich.

20
Aber jedes Schwein ist schlau
Weiß, die Sonn im Himmelsblau
Ist stets nur die liebe Frau
Von der jeweils größten Sau. *(11,65-68)*

ÜBER GELEGENHEITEN / ERFINDUNG MACHT LIEBE

[...] Der langen Rede kurzer Sinn: Sie müssen eine Gelegenheit finden bei die Weiber, sonst ists Essig. Ein Freund von mir ist einmal hinter einer kleinen Blonden hergewesen, einer Verkäuferin in einem von diesen winzigen Hutläden, wo sonst nur noch eine Direktrize ist, wo scharf aufpaßt. Und er hat natürlich keine Hüt aufprobieren können, damit er ins Gespräch mit ihr gekommen wär. Nach Geschäftsschluß ist sie Tag für Tag von einer jüngeren Schwester abgeholt worden, wo in der Näh angestellt war und mit ihr nach Haus gefahren ist. Nicht ranzukommen also. Sie war keine von denen, dies in der Straßenbahn anreden können, wo sich gleich ein animiertes Gespräch entwickelt mit witzigen Antworten, über die alle lachen. Eher ein stiller Typ, was man anständig nennt, und mit Recht. Die Sach ist faul gestanden, mein Freund hat schon gedacht, er muß sie aufgeben, da hat sich endlich eine Gelegenheit gefunden. An einem Winterabend ist er hinter ihr auf die Trambahn aufgestiegen und sie war so voll, daß die zwei Mädchen haben auf der Plattform stehen müssen. Er ist hinter der kleinen Blonden gestanden und zuerst hat er geflucht, weil er ausgerechnet an dem Tag zwei Paket gehabt hat, aber glücklicherweis hats genügt, daß er eng hinter ihr gestanden ist, wie er schnell gemerkt hat. Die Trambahn ist durch Anlagen gefahren und an einer Haltestell hat sie ihrer Schwester zugerufen, sie hat was liegenlassen und muß noch einmal zurück und ist abgestiegen. Er hat in einer Sekund seinen Entschluß fassen müssen. Es hätt schlecht ausgeschaut, wenn er hinter ihr ausgestiegen wär, mitten in den Anlagen, sie hätt sich vor ihrer Schwester scheniert und so was spielt eine Roll. Besonders in Zeitnot. So ist er stehen geblieben und hat das Risiko auf sich genommen. Warum, sie hätt gradsogut zur Besinnung kommen können, nach einer so flüchtigen Vorbereitung, mit zwei Paket in die Händ. Er ist an der nächsten Haltestell herunter und richtig, sie hat eben in die nächste Bahn aufsteigen wollen, wie er zurückgekommen ist. Im letzten Moment hat er sie noch erwischt und sie sind in die Anlagen gegangen. Der Schnee hat sie nicht wesentlich gehindert, es sind immer nur die Menschen, die das Hindernis ausmachen, das ist ja bekannt.

Die Bosheit und der Neid von die Menschen ist unglaublich. Wie ich einmal bei einem Bankier in das Badezimmer eine Telefonleitung gelegt hab, und die Frau des Bankiers zuschauen gekommen ist, ist die Zof drei Mal hereingekommen und hat gestört. Das zweite Mal hat sie sehen müssen, daß die Gnädige ihre Pyjamahosen nur mit knapper Not noch hat halb heraufziehen können, und ich hab mich an die Wand anpressen müssen wie ein Heftpflaster und doch ist sie noch ein drittes Mal hereingekommen. Das sind Gemeinheiten, die einen zum Menschenfeind machen können. [...] Aber im allgemeinen gibts, wie gesagt, zu wenig Gelegenheiten und darum müssens die Leut auf die unbequemste Art machen, im Kino, aufm Küchentisch, im Wasser, im Lift und unter Umständen auf die Bäum.

Ich hab übrigens festgestellt, daß die Menschen sinnlich werden, wenns was erfinden.

Umgekehrt ist es gewöhnlich, nämlich daß Liebe erfinderisch macht, so daß sterbende Großmütter und was weiß ich erfunden werden, nur daß man ins Bett kommt und im Bett Stellungen, daß es einem Akrobaten grausen könnt, aber eine Goubernant bei dem Bankier war anders herum. Mit der bin ich allein im Wagen in einen Kurort gefahren und wir haben im Gasthof übernachtet und kein Mensch hätt uns dreinreden können und nichts war mit ihr zu machen. Aber bei einer Gesellschaft, wo ich immerfort hab Herrschaften bringen müssen und sie nach ihr die Gnädige geschrieen hat, hat sie mir unbedingt aufm Hausboden einen Geist zeigen müssen, der sie erschreckt hat, und so fein sie war, hat sie mir doch zwischen die Beine gegriffen, wie ich eine Leiter hinaufgestiegen bin, und auch nachher ist sie nur warm geworden, wenn ich mich erst auf den Linoleum gelegt und ihr von unten untern Rock geschaut hab, und dabei hat sie noch gern was grad in der Hand gehabt, das sie nicht hat weglegen können. Vielleicht wars, weil sie religiös erzogen war, so daß ihre Fantasie verdorben gewesen ist.

Andere habens gern gehabt, wenn ich was erfunden hab. Die Tochter von dem Bierbrauer hab ich schon drei Mal durchgezogen gehabt und sie hat sich immer noch gestellt, als kennt sie mich nur ganz oberflächlich, auch wenn wir allein waren, und ich hab sagen müssen, daß das Benzin ausgegangen ist, damit sie mit in die Büsch gegangen ist. Wahrscheinlich hat sie eben nur das für eine gute Gelegenheit gehalten.

Wie gesagt, Sie können nichts machen mit die Weiber ohne eine Gelegenheit. *(18,315-319)*

1 DA DER SCHAUSPIELERBERUF immer wieder große Anspannung erfordert, muß der Schauspieler wissen, wie sich entspannen. Zu allen Zeiten vermeidet er höchste Anspannung und völlige Laschheit.

2 Schon damit das Theater ihm etwas Besonderes blei-

be, verzichtet er im Privaten auf alles Theatralische. Jedoch verzichtet er nicht auf Stil, ob man ihm zusieht oder nicht.

3 Sein Beruf verführt ihn zu zweierlei: sich abzusondern von andern oder sich ihnen an den Hals zu werfen. Er muß beiden Verführungen widerstehen.

4 Sein Beruf bringt eine weitere Verführung mit sich: zum Mitleid mit sich selbst – wirbt er doch um Mitleid unwissentlich auf der Bühne selbst für Bösewichte. Er widersteht auch dieser Verführung.

5 Er muß achtgeben, daß er weder schnell verletzbar noch unverwundbar wird.

6 Was ihm über vieles hinweghilft, ist die Kunst des Beobachtens, die er ständig ausübt. Er beobachtet, indem er nachmacht. Und er erfindet für die Beobachteten ein Verhalten für viele Situationen, die er nicht beobachten kann.

7 Er beschäftigt sich nur insofern mit sich selbst, als er trainiert.

8 Er studiert ständig die Gesetzlichkeiten im Verhalten der Menschen zueinander. Die Gesellschaft ist sein Auftraggeber; er studiert ihn.

9 Er muß ein absolutes Gehör entwickeln für den Ton der Wahrheit. Er verstellt sich nur, um die Wahrheit zu zeigen.

10 Er versperrt sich keiner Freude und keinem Leid. Er braucht diese Empfindungen für seine Arbeit, da er vor allem trachten muß, ein Mensch zu bleiben.

(23,186f.)

SURABAYA-JOHNNY

1
Ich war jung, Gott, erst 16 Jahre
Du kamest von Burma herauf
Und sagtest, ich solle mit Dir gehen
Du kämest für alles auf.
Ich fragte nach Deiner Stellung
Du sagtest: so wahr ich hier steh
Du hättest zu tun mit der Eisenbahn
Und nichts zu tun mit der See.
Du sagtest viel, Johnny
Kein Wort war wahr, Johnny
Du hast mich betrogen, Johnny
Ich hasse Dich so, Johnny
Wie Du stehst und grinst
Nimm die Pfeife aus dem Maul, Johnny, Du Hund!
Surabaya-Johnny, warum bist Du so roh?
Surabaya-Johnny, mein Gott, ich liebe Dich so.
Surabaya-Johnny, warum bin ich nicht froh?
Du hast kein Herz, Johnny, und ich liebe Dich so.

2
Zuerst war es immer Sonntag
So lang, bis ich mitging mit Dir.
Aber dann schon nach zwei Wochen
War Dir nichts mehr recht an mir
Hinauf und hinab durch den Pandschab

Den Fluß entlang bis zur See:
Ich sehe schon aus im Spiegel
Wie eine Vierzigjährige.
Du wolltest nicht Liebe, Johnny
Du wolltest Geld, Johnny
Ich aber sah, Johnny, nur auf Deinen Mund.
Du verlangtest alles, Johnny
Ich gab Dir mehr, Johnny
Nimm die Pfeife aus dem Maul, Du Hund!
Surabaya-Johnny, warum bist Du so roh?
Surabaya-Johnny, mein Gott, ich liebe Dich so.
Surabaya-Johnny, warum bin ich nicht froh?
Du hast kein Herz, Johnny, und ich liebe Dich so.

3

Ich habe es nicht beachtet
Warum Du den Namen hast
Aber an der ganzen langen Küste
Warst Du ein bekannter Gast.
Eines Morgens in einem Sixpencebett
Werd ich donnern hören die See.
Und Du gehst, ohne etwas zu sagen
Und Dein Schiff liegt unten am Kai.
Du hast kein Herz, Johnny
Du bist ein Schuft, Johnny
Du gehst jetzt weg, Johnny, sag mir den Grund.
Ich liebe Dich doch, Johnny
Wie am ersten Tag, Johnny

Nimm die Pfeife aus dem Maul, Du Hund!
Surabaya-Johnny, warum bist Du so roh?
Surabaya-Johnny, mein Gott, warum lieb ich Dich so
Surabaya-Johnny, warum bin ich nicht froh?
Du hast kein Herz, Johnny, und ich liebe Dich so.

(13,344-346)

NACHWORT

EINE KLEINE VERFÜHRUNGSSTUDIE

Der Freund, mit dem ich mich traf, hatte mir am Telefon das Versprechen abgenommen, pünktlich zur verabredeten Zeit in der Bar zu erscheinen, denn unsere Unterredung würde eine Stunde dauern, und dann strömten jene Angestellten herbei, die er sich im Leben wie in der Liebe vom Leib hielt. Es war schwer, diesen Freund zu mögen: Er hielt sich für einen Einflüsterer. Jeder, der ihn kannte, sprach ihm das Talent zu, zu betören, das Talent, Männer zu fangen, daß sie ihn für nicht geleistete Dienste bezahlten. Frauen zu fangen, daß sie in Liebe toll fast alles taten, was er verlangte. Die Gerüchte steigerten seinen Marktwert. Tatsächlich galt er was in dieser Großstadt im Norden, man mied seine Nähe, man schätzte aber seine Künste. Die Leidtragenden – kam kein Opfer auf den Gedanken, diesen unehrenhaften Mann zu stellen, anzugreifen, anzuschreien, bloßzustellen? Nicht, daß ich wüßte. Mir war auch kein Fall bekannt, daß die schleichende Zermürbung ein Opfer dazu veranlaßt hätte, vor Gericht zu ziehen. Die Sieger sind nicht kaltblütig, sie sind nur kluge Künstler. Wer sein Geld verspielt, wird sich die Rache nicht zutrauen, er wird betteln und jammern, er wird im Augenblick, da der Sieger ihm den Rücken kehrt, zum heulenden Liebhaber erstarren. Doch das alles sind falsche Vergleiche, falsche Bilder, falsche Antworten. Dem Freund kam es nicht darauf an, eine

Strichliste seiner Siege zu führen. Die Getäuschten mißdeuteten die Lachfalten an seinen Mundwinkeln, die Haut hatte sich nur an diesen Stellen wegen der Fehlleistung von Nervenimpulsen tiefer als üblich eingefurcht. Von Triumph und Niederlage sprach der Besitzer der Bar, in die der Freund seine … Geschäftspartner bestellte, es waren selten Frauen darunter, er zog es vor, sie in ihren Wohnungen aufzusuchen.

An einem Herbsttag also, zur Spätnachmittagsstunde, traf ich mich mit ihm, der Barbesitzer zeigte mir zum Hohn das Siegeszeichen, und da ich in seiner Umarmung erstarrte, bat mich der Freund ihm gegenüber auf dem Stuhl Platz zu nehmen. Ich werde dir nicht helfen, sagte ich ihm sofort ins Gesicht, du hast genug Geld erräubert, die Herzen der Mädchen fliegen dir zu … Abgedroschene Worte. Es war unmöglich, mich versöhnlich zu stimmen, er hatte die feinsinnige Angestellte eines Kosmetikgeschäfts in die Machtlosigkeit gestürzt, seit mehreren Monaten schon versuchte ich mein Glück bei ihr, doch sie schlug meine Einladungen mit dem Hinweis aus, sie würde von einem Glas Wein nicht liebestrunken werden. Diese Ausreißerin aus der Kleinstadt aber verfing sich in seinem Netz. Wenn ich den Gerüchten Glauben schenken sollte, hatten einige wenige Sätze genügt, und ihr Mißvergnügen ob der hohlen Komplimente schlug um: Sie ging nach Feierabend mit ihm mit, vielleicht täuschte sie bei diesem ersten Rendezvous Müdigkeit vor, und erschien aber pünktlich zum zweiten Treffen. Wurden sie beide ein Liebespaar? Die Meinungen gingen auseinander – die einen sagten: Im Falle, daß sie bald heiraten, werden wir nicht verwundert sein. Er war eine Figur aus dem Ammenmärchen, und doch verhielt er sich sehr modern. Nun gut. Wegen der Angestellten, die er nach kurzer Zeit verlassen hatte, war ich hier, in dieser Bar der Kleinhändler des Glücks. Natürlich machte der Freund den Eröffnungszug, er bereute die letzte verzwickte Affäre, wie hätte er auch wissen können, daß man ihm im Wettbewerb der Liebesbeziehungen den Vorzug gab. Ich unterbrach ihn und bat darum, nicht geschwollen daherzureden, er sollte bitte zur Sache kommen. Das könnte er nicht so ohne weiteres tun, er besäße soviel Anstand, von der Schuld zu wissen, die er auf sich geladen hätte, nur dürfte die Liebe einer fremden Frau nicht zwischen uns stehen … Ich war kurz davor, ihn zu schlagen, und tatsächlich stand ich schnell auf und versetzte ihm einen Rippenstoß. Da umschlang er mich mit beiden Armen, tänzelte mit mir um den Tisch und stieß mich herunter auf den Stuhl – ich konnte nicht umhin, ihn zu bewundern: Er hatte wieder einmal ein Problem gelöst, er hatte einen Widerspenstigen zum Schaf degradiert. Waren wir, die er benutzte, derart von Kummer gebeutelt, daß uns kein Griff und kein Schlag gelang? Der Barbesitzer brachte die Getränke, und als hätte er sich mit dem Freund verbündet, ermahnte er mich, Ruhe zu bewahren, auch er legte meine Schockstarre als die naturbedingte Unterlegenheit eines Opfers aus. Der Freund starrte mich schweigend an, er starrte und schwieg, er schwieg und starrte, und ich trank meinen Milchkaffee bis zum letzten Schluck, ich sagte ihm, er hätte eine letzte Gelegenheit, die Sache zu bereinigen … Wie konnte ich nur so hohl daherreden? Er lachte mich wegen meiner Worte nicht aus, diesmal starrte er auf das Glas Wein, auf die Tischkante, seine langen Fingernägel. Sie hat sich schließlich nicht umgebracht, sagte er leise, ich traue ihr eine Verzweiflungstat durchaus zu. Kosmetikerinnen kennen das Leben. Sie wissen, daß man sich in jedem Alter verschönern muß. Aber deswegen sitzen wir nicht hier. Ich meine, ich habe ihr nicht wirklich übelgespielt, sie traf auf mich zur richtigen Zeit … Du und deine Freiwilligen, dachte ich, du und das Glücksspiel der Freiwilligen, du und die Männer und Frauen, die du in Höllenlöcher stößt, die im Anfang ein Himmelszeichen zu entdecken glaubten und nun behämt und verhöhnt werden. Ich war kein Moralist, noch glaubte ich an eine höhere Moral, und daß ich in Gegenwart des Einflüsterers zum kläffenden Pinscher geriet, ärgerte mich. Die wenigsten, die mich kennenlernen, loben mich, fuhr er fort, sie loben vielleicht das goldene Händchen, das ich haben soll – gut, ich mach es kurz … Er sprach nicht weiter, statt dessen knöpfte er sich das Hemd auf und zeigte mir die noch nicht verheilten Schnitte, die er sich, wie er behauptet, selber mit der Rasierklinge zugefügt hatte, ich ließ den Blick lange auf seinem epilierten Brustkorb ruhen, und da er keine Anstalten machte, das Hemd wieder zuzuknöpfen, wandte ich den Blick wieder ab. Er hätte schon lange auf eine Strafe gewartet, die aber ausgeblieben war, also hätte er sich geritzt, vor dem Spiegel im Badezimmer, es wäre sehr schnell gegangen, und da ich jetzt wüßte, daß es ihm nicht darum ging, geschont zu werden, könnte ich ihm, dem Verführer, endlich einmal und ausnahmsweise glauben. Dieses Wort kam ihm leicht über die Lippen, aber vielleicht war das seine Art, eine dramatische Situation zu entschärfen. Alle sprachen schlecht über ihn, alle drängten heran, um ihn aus einigem Abstand wie ein wildes Tier zu betrachten. Wen schreckte seine Maßlosigkeit ab? Die Gemäßigten. Wer sprach von der Bosheit der Tiere? Die gewöhnlichen Bürger. Was machte man mit jenen, die etwas wilder waren als die Angestellten, vor denen der Freund auf der Hut war? Man schlug sie ans Scheunentor, oder kündigte im besten Fall die Freundschaft.

Es hielt mich nichts mehr an meinem Platz, ich stand auf, ging um den Tisch und umarmte den guten Wolf, es würde nichts zwischen uns stehen, ich wußte, ich würde ihm selbstverständlich über diese seine Zeit der Geldknappheit hinweghelfen – er war der böse Freund der Verführten.

Feridun Zaimoglu

NACHWEISE

Alle Texte sind entnommen aus:

Bertolt Brecht, *Werke*. Große kommentierte Berliner und Frankfurter Ausgabe, herausgegeben von Werner Hecht, Jan Knopf, Werner Mittenzwei und Klaus-Detlef Müller, 30 Bände (32 Teile) und ein Registerband, Berlin u. Weimar / Frankfurt am Main 1988-2000.

Die Druckorte in den *Werken* sind am Ende jedes Textes mit Bandnummer und Seitenzahl(en) angegeben.

BERTOLT BRECHT

BRECHT-LESEBÜCHER
im suhrkamp taschenbuch

FÜR ALLE FÄLLE: BRECHT
Herausgegeben von Albert Ostermaier

Band 1
VERFÜHRUNG
Ausgewählt von Feridun Zaimoglu
st 4066. 107 Seiten

Band 2
RAUSCH
Ausgewählt von Charles Schumann
st 4067. 104 Seiten

Band 3
MUSIK
Ausgewählt von Albert Ostermaier
st 4068. 108 Seiten

Band 4
VERBRECHEN
Ausgewählt von Thea Dorn
st 4069. 109 Seiten

Band 5
VERRAT
Ausgewählt von Maxim Biller
st 4070. 109 Seiten

Band 6
KAPITAL
Ausgewählt von Georg M. Oswald
st 4071. 110 Seiten